小学校6年生までに必要な作文力が1冊でしっかり身につく本

ステップアップ編

書けない子をゼロにする敏腕作文コーチ
安藤英明

小学校2年生、5年生の子どもと遊びながら勉強しました。結果、下の子は、兄と一緒にやることで色々な言葉を知ることができ、作文にも使えるようになりました。

（40代・保護者）


数ある作文の参考書のなかでも、とてもわかりやすい内容でした。

文章にする前に、文の作り方や使う言葉を考えるなど、初歩的ながら一番の基本を、見落としておりました。

親の私にも、とても参考になりました。

（40代・保護者）

でしっかり身につく本』の読者の声

「読書感想文で何を書いたらいいのかわからない」と言っていた孫ですが、文章がスラスラと浮かんでくるようになりました。「言葉では話せるのに書けなかったこと」も、うまく文章で表現できるまで成長しました！

（70代・保護者）


「助詞を使わずにまず書いてみる」という方法は、正しく助詞を使い分けられない子のハードルが下がり、取り組みやすくなると思いました。

なるほど！という方法が他にもたくさん掲載されており、とても参考になりました。

（30代・教員）


作文が苦手でつまずいていたけれど、この本なら楽しくできました。

しかも、作文がかんたんに作れるようになりました。

買ってよかったです。

（10代・小学生）

ゲーム感覚で語彙を増やすところからはじまり、スモールステップで進めることができるため、大変よかったです。

文を書くのが苦手な息子が、何とか作文を書けるようになりました。

（40代・保護者）


おもしろくって毎晩読んでいます！

作文を書くのが楽しみになりました。

（10代・小学生）


思っていることを言葉にするのが苦手な我が子ですが、読書感想文があっという間に仕上がったようです。

「この本がなかったら書けなかった」と言っていました。（40代・保護者）

＼10万部のロングセラー／

前作『小学校6年生までに必要な作文力が1冊

とても楽しんで取り組みました。日常のトレーニングは盲点でした。**想像力を高めることは、読書で習得するものと考えていましたが、家庭の何気ない会話でもできる**のですね。親子の会話を見直すよいきっかけになりそうです。

（40代・保護者）


子どもは、頭の中の言葉を文章にするのがとても苦手で、読書感想文や、日記、新聞など、長い文が全然書けず、毎回真っ白なまま学校から持ち帰っていました。

色々な参考書を試しても全然ダメでしたが、**この本は、小さな言葉から増やしていく**ので、**子どもが集中して取り組めました。**

（40代・保護者）

はじめに

「あなたらしさが光る文章」を書くためにこの本が生まれました

私は44年間、各地の小学校で文章の書き方を指導してきました。そこで生まれたのが安藤式「瞬間作文法」です。瞬間作文法では、**作文が苦手な子どもたちが「話す」ことと同じくらい自然に「書ける」ようになること**をゴールにしています。驚かれるかもしれませんが、**私が「瞬間作文法」を使って子どもたちに作文の書き方を指導すると、3日間でクラス全員がスラスラと文章を書けるようになったのです。**

瞬間作文法の大きな特徴は、「助詞を使わない」ことです。

スラスラと文章を書くことができない子どもたちの多くは、「助詞」の使い方に苦手意識を持っています。作文に正解・不正解はありませんが、「助詞」の使い方だけは、正解・不正解がついて回ります。

10万部のロングセラーとなった前作『小学校6年生までに必要な作文力が1冊でしっかり身につく本』では、子どもたちを助詞から解放し、「話すように書く」方法についてお伝えしました。そのステップアップ編となる本書では、「話すように書ける」ようになった子どもたちが、より成長し、**論理的な文章を書けるようになること、自分らしさが輝く表現を手に入れること**をめざします。

一文を短くすれば、つまずきやすい助詞も怖くない！

本書では、前作では使わなかった「助詞」にもチャレンジしていきます。不安に思った方もいるかもしれません。でも、大丈夫です。安心してください。

一文が長くなると、助詞に迷ってしまう

例文①

私が教室で折り紙を折っていたら、太郎くんが「おにごっこをしよう」と言ってきましたが、花子さんもトランプにさそわれて、どちらといっしょに遊ぶか迷いました。

助詞を誤用している

一文を短くすると……

例文②

私は教室で折り紙を折っていました。すると太郎くんが「おにごっこをしよう」と言ってきました。花子さんにもトランプにさそわれて、どちらといっしょに遊ぶか迷いました。

正しく助詞が使えている

助詞を間違えてしまう多くの原因は、「一文が長いこと」にあります。右ページの例文①のように、文章が長くなってしまうと、一文の中に主語・述語が複数登場し、助詞がわからなくなってしまうのです。

できないことがあったら、できない理由を考えて原因を取り除きましょう。一文が長くなることで助詞がわからなくなるのであれば、一文を短くすればよいのです。右ページの例文②を見るとわかるように、一文が短ければ、正しい助詞を選ぶことはぐっとかんたんになります。

将来求められる論理的な思考力と表現力を伸ばすために

文の前後関係を理解し、「つなぎ言葉（接続詞）」でつないでいくと、自然と論理的な文章ができあがります。とくに、**「しかし」や、「けれども」といった逆接の接続詞、例をあげる「例えば」、根拠を示す「なぜなら」を使えるようになれば、文章がぐんと論理的になります。**

小学校高学年になると、文章で情景の描写をしたり、自分の意見を述べたりする機会も出てきます。**語彙を増やし、オノマトペや比喩表現を使えるようになれば、オリジナリティが光る文章が書けるようになります。**

また、特別原稿用紙（88ページで詳しく解説）を使って、印象に残るエピソードから文章を書き出していくのも、効果的な手法の一つです。**心がおどったときの様子が目に浮かぶような、生き生きとした文章を書くことができます。**

実は、小論文などで人を説得するときの文章の書き方にもコツがあります。決められた型を使って論を展開すれば、わかりやすく自分の考えを伝えることができるようになります。

この本では、こうした表現のコツや伝え方、さまざまな文章の型についても詳しく解説し、お子さん一人ひとりの書く力を伸ばすサポートをしていきます。

今、身につけておけば「文章力」は、一生使える武器になる！

世の中では、「活字離れ」と言われて久しいです。しかし、実は今、人はかつてないほど文章でのコミュニケーションを多用しています。

例えば、仕事で使うメールや報告書はもちろんのこと、みなさんがほぼ毎日利用しているであろうLINEやメッセンジャーも、文字コミュニケーションの一つです。リモートワークが進み、さらに文字コミュニケーションが重要になってきています。

「オレ、安藤先生に作文の書き方を習うことができてよかった。仕事をするうえで、作文の授業がいちばん役に立っているんだ。」

これは、同窓会で、40代になった私の教え子がしみじみと語った言葉です。

このとき、まわりにいた教え子たちも「オレも！」「私も！」と声を上げてくれました。

話を聞くと、私が教えた瞬間作文法によって「書くことへの苦手意識」を持たずに大人になれたというのです。

「ほかの人の半分以下の時間で報告書が書ける」という教え子、「文章力が決め手で就職が決まった」という教え子もいて、「書けること」が社会でいかにアドバンテージになるかを話してくれました。これは私にとって、本当にうれしい出来事でした。

今は「書くことが苦手」と感じている子でも、できない原因を一つずつとり除いていけば、必ず書けるようになります。

文章を書くことは、決して難しいことではありません。書くことを楽しみながら、力をつけていきましょう。

本書で学んだ「文章力」が、人生を生きぬく大事な武器になりますように！

この本でめざすゴール

自分らしさが光る表現が使えるようになる！

相手に正しく伝わる、論理的な文が書ける！

書くことが得意になる！

安藤 英明プロフィール

1948年北海道生まれ。北海道教育大学旭川校卒業後、小学校教諭として子どもたちの教育に専心。特別指導員として子ども、教員、学生、保護者を対象に授業や教育講演を行ったほか、地元北海道で若手教員育成のための勉強会「安藤塾」を30年にわたって主宰。

苦手意識のある児童に「これならできる！」と自信を持たせ、主体的に楽しんでもらいながら学力を伸ばす手腕に定評がある。なかでも、作文が苦手な子と向き合い続けて編み出した独自の作文指導法は、「たった3日で、誰でもスラスラ作文が書けるようになる」と評判を呼ぶ。「作文が書けない理由」を一つひとつ解決し、作文を好きになってもらう、その指導法を学ぼうと、北海道はもとより日本全国から授業の参観者が集まるほどの人気ぶりとなった。本書は、3日間の授業で行われる作文指導を、家庭で学習できるように凝縮してまとめ直したもの。

『小学校6年生までに必要な作文力が1冊でしっかり身につく本 ステップアップ編』の7つの強み

その1 ゲーム感覚で語彙が増やせる！

その2 簡潔でわかりやすい文章が書ける！

その3 自分の意見や考えを正しく伝えられる！

その4 読んだ人の心に残る、生き生きとした文章が書ける！

その5 迷わず書ける特別原稿用紙がダウンロードできる！

その6 親子で楽しく学べる解説を掲載！

その7 すべての漢字に読みがながふってあるから、
小学校1年生から使える！

その1 「何を書いてよいのかわからない」「言葉が思い浮かばない」という悩みを解決すべく、クイズ感覚で動詞や名詞、同義語、類義語など、語彙を増やす練習をたくさん載せています。

その2 一文を短くして接続詞で文をつなげることができれば、わかりにくい文も論理的な文章に早変わりします。文を適切な部分で区切り、正しい接続詞を選ぶ力を伸ばして、わかりやすい文章にしましょう。

その3 小論文のような文章を書くときは、「根拠」と「例」を示して、説得力を持たせます。自分の意見を主張したいときの文章の「型」を身につけ、迷わず書けるようになりましょう。

その4 自分の気持ちや考えを生き生きとした表現で伝えるために、倒置法やオノマトペ、慣用句、比喩表現を学んでいきます。

その5 この本では、作文を書くときに気づいたこと、書きたい言葉をメモしながら書き進められる特別原稿用紙（88ページ参照）を使います。特別原稿用紙は、購入特典としてPDFでダウンロードすることもできます。

その6 お子さんが学習を進めるときに、保護者の方からサポートしてほしい内容を **教えるときのポイント** にまとめています。自宅でのトレーニング では、ゲーム感覚で作文に必要な力をつける方法を紹介しているので、親子で楽しみながら試してみてください。

その7 漢字にはすべて読みがながあるので、どの学年の子でも安心して学習できます。

もくじ

この本の使い方

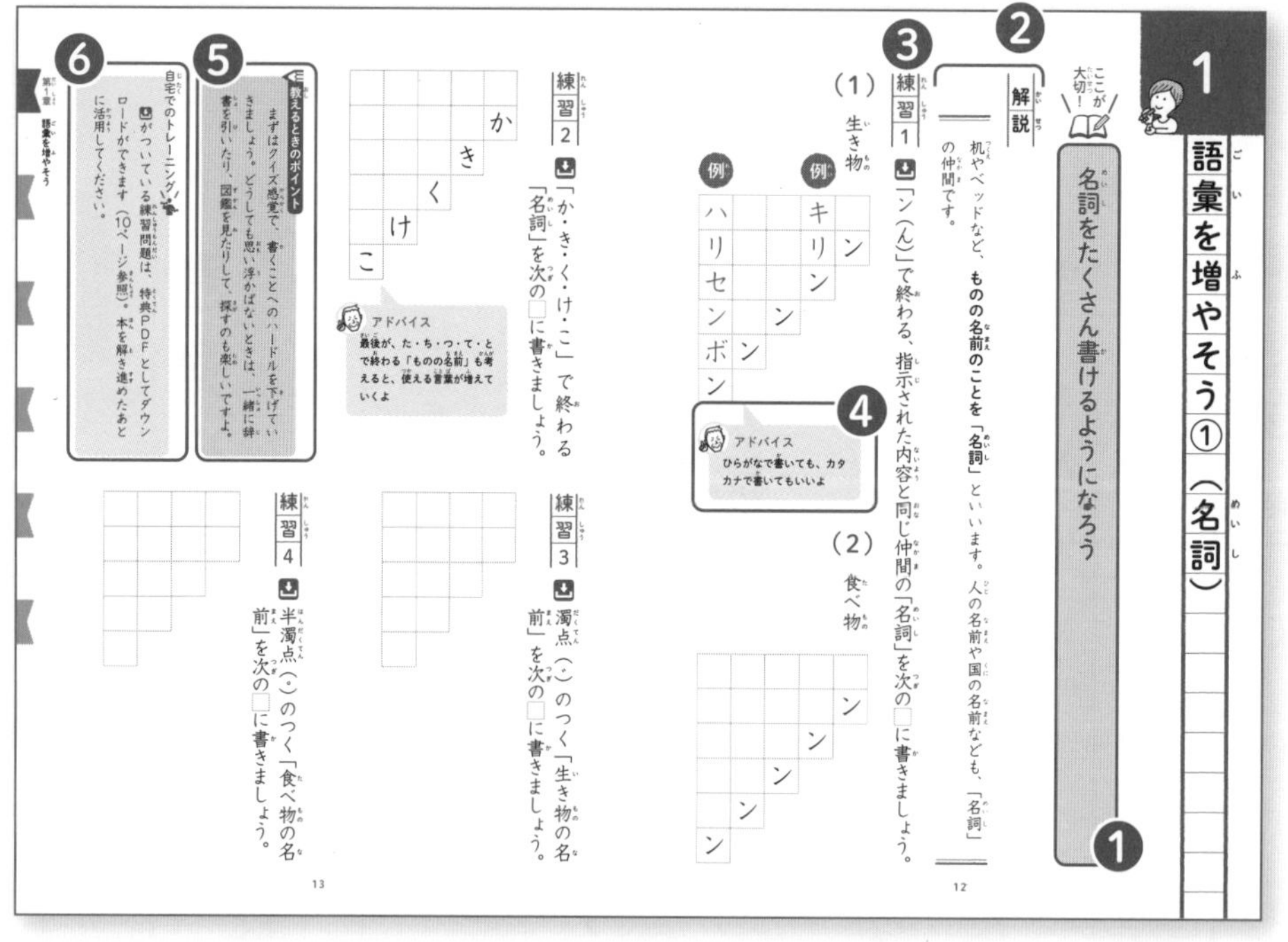

1 語彙を増やそう①（名詞）

ここが大切！ 名詞をたくさん書けるようになろう ❶

❷ 解説

机やベッドなど、ものの名前のことを「名詞」といいます。人の名前や国の名前なども、「名詞」の仲間です。

❸ 練習1 「ン（ん）」で終わる、指示された内容と同じ仲間の「名詞」を次の□に書きましょう。

（1）生き物

例 キリン

例 ハリセンボン

（2）食べ物

❹ アドバイス ひらがなで書いても、カタカナで書いてもいいよ

練習2 「か・き・く・け・こ」で終わる「名詞」を次の□に書きましょう。

アドバイス 最後が、た・ち・つ・て・とで終わる「ものの名前」も考えると、使える言葉が増えていくよ

練習3 濁点（゛）のつく「生き物の名前」を次の□に書きましょう。

練習4 半濁点（゜）のつく「食べ物の名前」を次の□に書きましょう。

❺ 教えるときのポイント

まずはクイズ感覚で、書くことへのハードルを下げていきましょう。どうしても思い浮かばないときは、一緒に辞書を引いたり、図鑑を見たりして、探すのも楽しいですよ。

❻ 自宅でのトレーニング

がついている練習問題は、特典PDFとしてダウンロードができます（10ページ参照）。本を解き進めたあとに活用してください。

第1章 語彙を増やそう

12　13

❶各項目の学習で一番のポイントです

❷これから学ぶ内容の説明です

❸問題文をよく読んで、答えを書きましょう。解答と解説は別冊にまとめています

❹答えを考えるときのヒントを、先生が教えてくれます

❺保護者の皆さんからお子さんに教えてほしい内容や、設問の意図について載せています

❻作文に必要な力をつけるために、親子でできるトレーニングを紹介しています

特典PDFのダウンロード方法

この本の中でマークがついている解答用紙や原稿用紙は、パソコンやスマートフォンからダウンロードして何度でも使うことができます。日常の学習に役立ててください。※B4判の原稿用紙と特別原稿用紙は、別冊にもついています

1 インターネットで下記のページにアクセス

パソコンから

URLを入力

https://kanki-pub.co.jp/pages/hasakubun2/

スマートフォンから

QRコードを読み取る

2 入力フォームに、必要な情報を入力して送信すると、ダウンロードページのURLがメールで届く

3 ダウンロードページを開き、ダウンロードをクリックして、パソコンまたはスマートフォンに保存

4 ダウンロードしたデータを、プリンターやコンビニのプリントサービスなどでプリントアウトする

第1章

語彙を増やそう

この章のポイント

たくさんの語彙を使って作文を書けるようになると、自然と作文が楽しくなっていくのは、低学年も高学年も同じです。ここでは、ゲーム感覚で、「気づけば色々な言葉を使えるようになっていた」という状態をめざすためのトレーニングをしましょう。

1 語彙を増やそう①（名詞）

ここが大切！

名詞をたくさん書けるようになろう

解説

机やベッドなど、**もののの名前のことを「名詞」**といいます。人の名前や国の名前なども、「名詞」の仲間です。

練習1

「ン（ん）」で終わる、指示された内容と同じ仲間の「名詞」を次の□に書きましょう。

（1）生き物

例 キリン

例 ハリセンボン

	ン			
		ン		
			ン	
				ン

アドバイス
ひらがなで書いても、カタカナで書いてもいいよ

（2）食べ物

ン				
	ン			
		ン		
			ン	
				ン

練習2

「か・き・く・け・こ」で終わる「名詞」を次の□に書きましょう。

か
き
く
け
こ

アドバイス

最後が、た・ち・つ・て・とで終わる「ものの名前」も考えると、使える言葉が増えていくよ

教えるときのポイント

まずはクイズ感覚で、書くことへのハードルを下げていきましょう。どうしても思い浮かばないときは、一緒に辞書を引いたり、図鑑を見たりして、探すのも楽しいですよ。

自宅でのトレーニング

がついている練習問題は、特典PDFとしてダウンロードができます（10ページ参照）。本を解き進めたあとに活用してください。

練習3

濁点（゛）のつく「生き物の名前」を次の□に書きましょう。

練習4

半濁点（゜）のつく「食べ物の名前」を次の□に書きましょう。

2 語彙を増やそう②（動詞）

ここが大切！

色々な動詞を使えるようになろう

解説

動詞とは、「何が　どうする／どうなる」の「どうする／どうなる」の部分にあたります。主に、動作や状態を表します。

練習1

例のように、「動詞」を次の□に書きましょう。

例

なく
まよう
おこなう
くわだてる
かかわりあう

アドバイス
ここではすべてひらがなで記入していこう

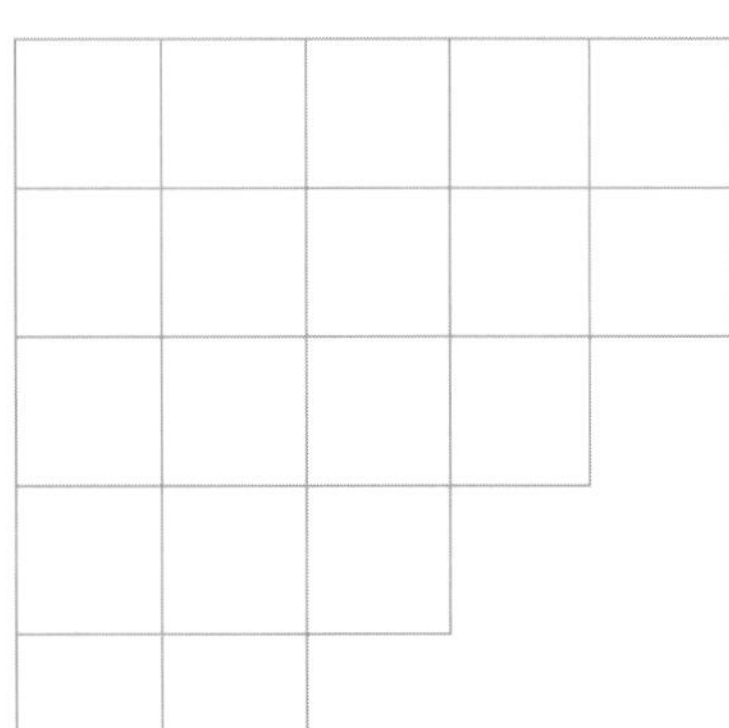

アドバイス
6文字の動詞は、「はしる」+「まわる」で「はしりまわる」など、組み合わせで考えることもできるよ！

練習2

「る」で終わる、「動詞」を次の□に書きましょう。

る
る
る
る
る

自宅でのトレーニング

普段から、お家でもゲーム感覚で語彙を増やす練習をしていきましょう。「2文字で最後が『ぶ』で終わる動詞は？」などと問いかけていけば、いつもの会話の中で語彙を増やすことができます。

練習3

「く」で終わる、「動詞」を次の□に書きましょう。

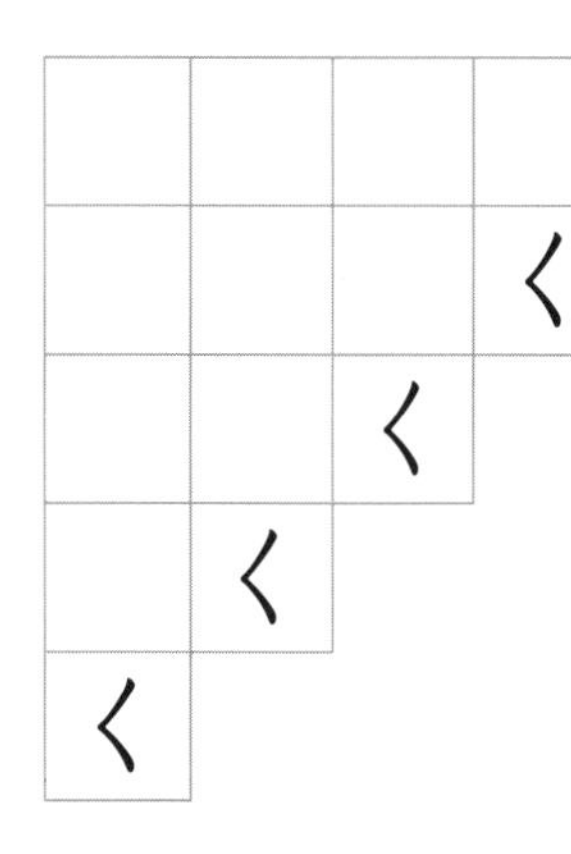

練習4

「す」で終わる、「動詞」を次の□に書きましょう。

す
す
す
す

3 語彙を増やそう③（わんにゃん言葉）

ここが大切！

わんわん言葉・にゃんにゃん言葉を使えるようになろう

解説

「わんわん言葉」とは、「わんわん」「ごそごそ」「どきどき」のように、**様子や気持ちを表す4文字のくり返し言葉**のことをいいます。「にゃんにゃん言葉」とは「にゃんにゃん」「どきんどきん」「そろりそろり」のように、**様子や気持ちを表す6文字のくり返し言葉**のことをいいます。

練習

例のように［　］に、様子や気持ちを表す「わんわん言葉」や「にゃんにゃん言葉」をいくつか考えて書きましょう。

例　話す

わんわん言葉
はきはき　もごもご　ぐずぐず　しぶしぶ

にゃんにゃん言葉
ごにょごにょ　しゃきしゃき　ぺちゃぺちゃ

(1) 笑う

わんわん言葉

にゃんにゃん言葉

(2) 泣く

わんわん言葉

にゃんにゃん言葉

(3) 食べる

わんわん言葉

にゃんにゃん言葉

(4) 苦しむ

わんわん言葉

にゃんにゃん言葉

教えるときのポイント

わんわん言葉、にゃんにゃん言葉とは、擬音語・擬態語（オノマトペ）の一種です。擬音語や擬態語は、中・高学年の作文では幼く感じられるかもしれませんが、時々こういった言葉を入れると、作文にほどよいアクセントがつきます。

語彙を増やそう④（修飾語）

ここが大切！

よりくわしく説明する表現を身につけよう

解説

他の言葉をくわしく説明する「かざり言葉」のことを「修飾語」といいます（わんわん言葉・にゃんにゃん言葉も修飾語のひとつです）。修飾語を使うことで、そのときの様子や気持ちがより伝わりやすくなります。

練習1

例のように［　　］に、様子や気持ちをくわしく伝える言葉を書きましょう。

（1）私の弟は［例おっとりした］話し方をする。

［　　］［　　］

（2）係の人は要点を［例かいつまんで］説明してくれた。

［　　］［　　］

(3)

友達の〔例 気合いの入った〕はげましに感動した。

(4)

とつぜんの出来事に〔例 大急ぎで〕かけつけた。

(5)

この試合には〔例 何が何でも〕勝つ。

(6)

下調べを〔例 ていねいに〕行うことが大事だ。

(7)

大好きなお菓子に〔例 うれしそうな〕表情を見せた。

(8)

彼はいつも〔例 個性的な〕装いをしている。

教えるときのポイント

修飾語が増えると、そのときの様子や気持ちを鮮明に伝えられるようになります。普段の会話から「今の言葉を言いかえると、こんな言い方もできるね」などと話す習慣をつけ、語彙を増やしていきましょう。オリジナリティが高い表現が生まれたときは、「なるほど！　そんな表現ができるなんてすごいね！」と伝えてください。

自宅でのトレーニング

語彙を増やすことが楽しくなってきたら、本を読むときにも、新しい語彙を探す習慣をつけていきましょう。おすすめは、気に入った語彙のあるページにふせんをはっていくこと。学校でも、読み終わったあとに、ふせんを見ながらお気に入りの語彙を発表する授業は、とても盛り上がります。

練習2

例のように上の［　］と下の［　］に、様子をくわしく表す言葉を書きましょう。

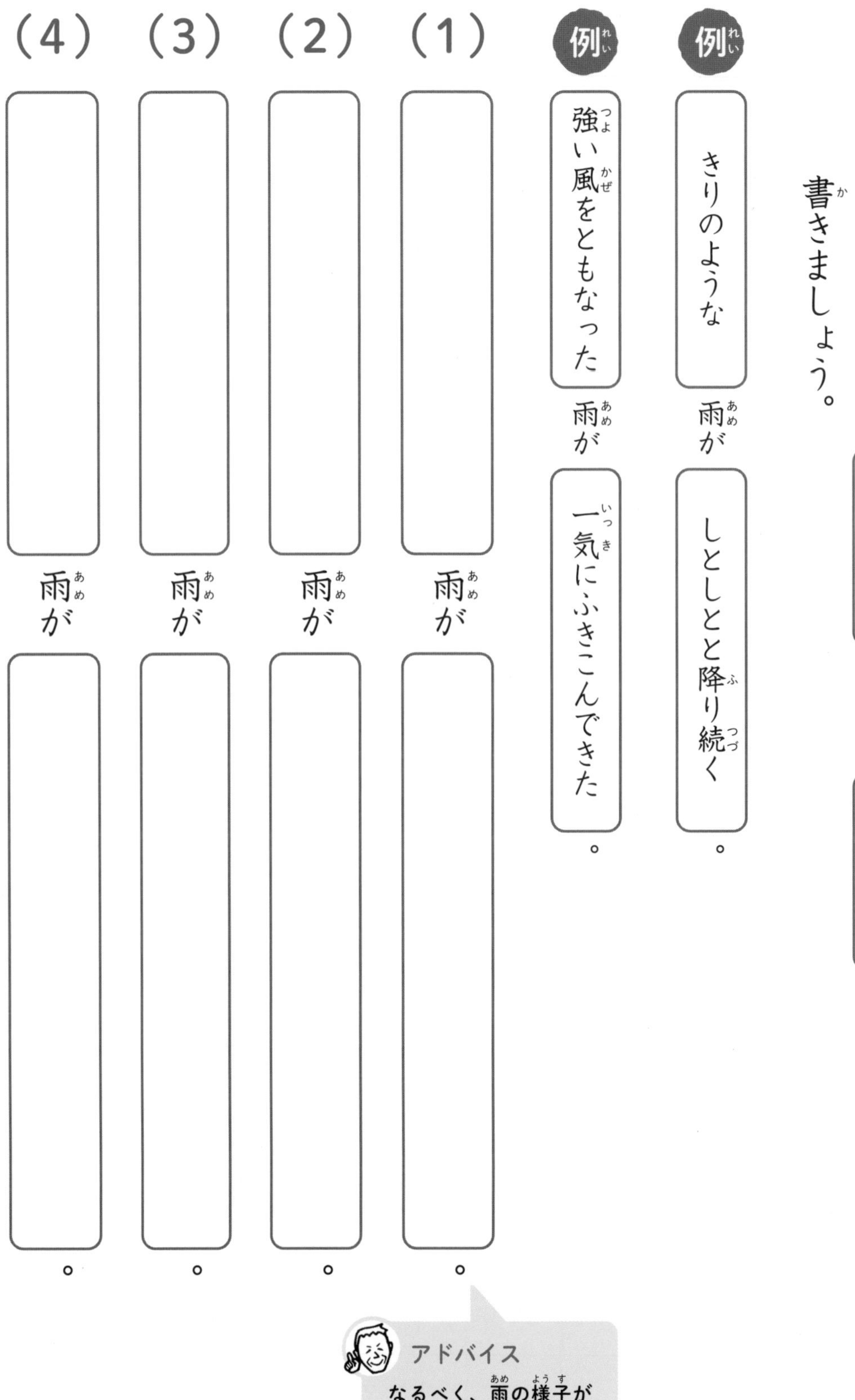

例　［きりのような］雨が［しとしとと降り続く］。

例　［強い風をともなった］雨が［一気にふきこんできた］。

（1）［　　　］雨が［　　　］。

（2）［　　　］雨が［　　　］。

（3）［　　　］雨が［　　　］。

（4）［　　　］雨が［　　　］。

アドバイス

なるべく、雨の様子がくわしくわかるような言葉を書きましょう

練習3

例のように上の［　］と下の［　］に、様子をくわしく表す言葉を書きましょう。

例 ［幼いころからの］夢を［ようやくかなえた］。

(1) ［　］夢を［　］。

(2) ［　］公園へ［　］。

(3) ［　］人形は［　］。

(4) ［　］動物園で［　］。

5 語彙を増やそう⑤（同義語・類義語）

ここが大切！

同義語・類義語をたくさん使えるようになろう

解説

表現したい言葉を、自分らしく工夫した言葉に言いかえると、作文が生き生きとします。このように、**同じ意味を持つ言葉のことを同義語、似た意味を持つ言葉のことを類義語**といいます。

表現したい気持ち	初級の表現	上級の表現
楽しい	にこにこする	顔がくずれるくらい笑う
悲しい	なみだが出る	心がつぶれそう
うれしい	飛び上がる	天にものぼるような気持ち

教えるときのポイント

たくさんの人が使う言葉ではなく、自分らしさが出る言葉を作文に盛り込むことができると、その文章は生き生きと輝きます。表現に上下関係はありませんが「その言いまわしは上級の表現！」「その言い方は最上級！」などと伝え、オリジナリティのある語彙がどのようなものなのか、イメージできるようにしてあげましょう。

練習1

例のように［　］に、似た意味を持つ「様子や気持ちを表す言葉」をいくつか書きましょう。

(1) 喜ぶ

例 小おどりする
例 かっさいをあげる

［　］

(2) おこる

例 腹を立てる
例 いきどおる

［　］

(3) 感動する

例 心がふるえる
例 胸があつくなる

［　］

(4) がんばる

例 ベストをつくす
例 気合いを入れる

［　］

教えるときのポイント

同義語や類義語を集められると、文章を書くときに、「表現を迷える」楽しい時間が増えます。一時的に、文章を書くのに時間がかかるかもしれませんが、見守ってくださいね。類語辞典の存在を教えてあげるのもおすすめです。

練習2

例のように［　］に、似た意味を持つ「様子や気持ちを表す言葉」をいくつか書きましょう。

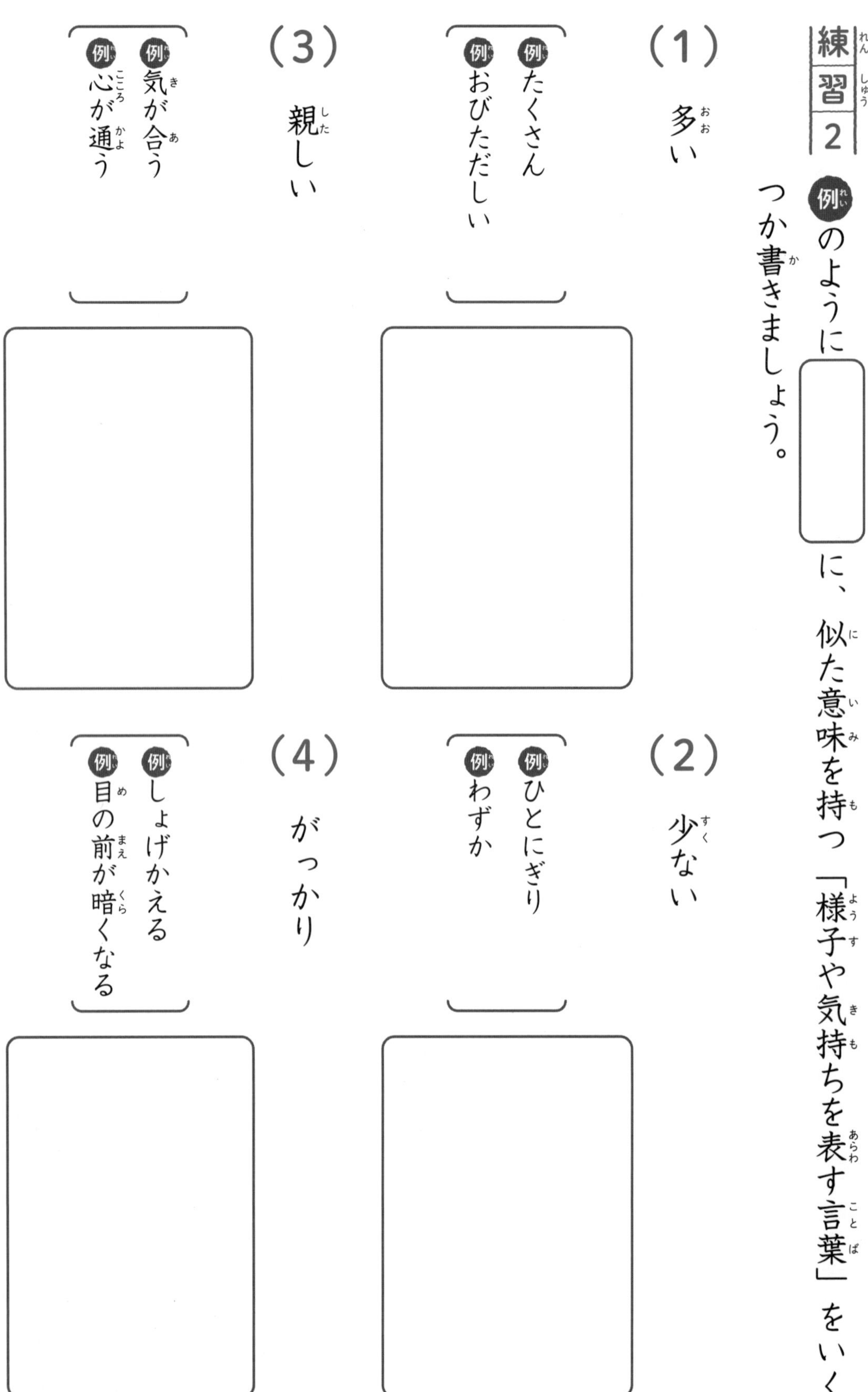

（1）多い

例 たくさん
例 おびただしい

（2）少ない

例 ひとにぎり
例 わずか

（3）親しい

例 気が合う
例 心が通う

（4）がっかり

例 しょげかえる
例 目の前が暗くなる

練習3

例のように、楽しいときの「様子や気持ちを表す言葉」を連想しながら、［　］にたくさん書きましょう。

楽しい

例 満面の笑み

例 破顔する

例 顔がほころぶ

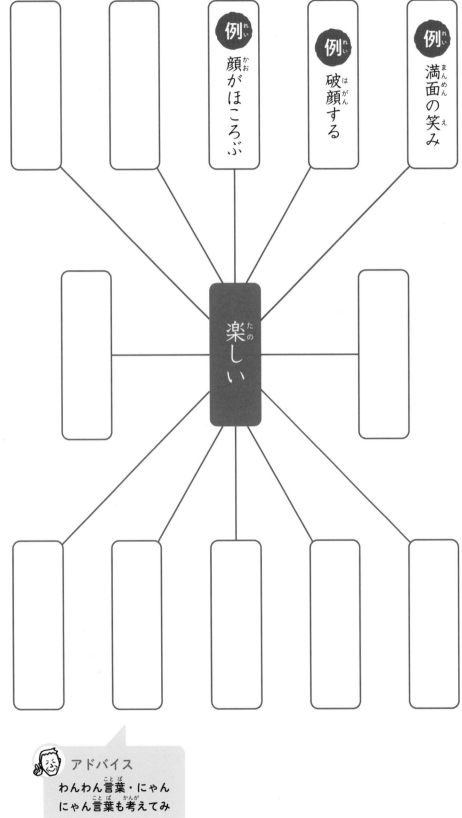

アドバイス

わんわん言葉・にゃんにゃん言葉も考えてみよう

練習4

例のように、気持ちがしずんだときの「様子や気持ちを表す言葉」を連想しながら、□にたくさん書きましょう。

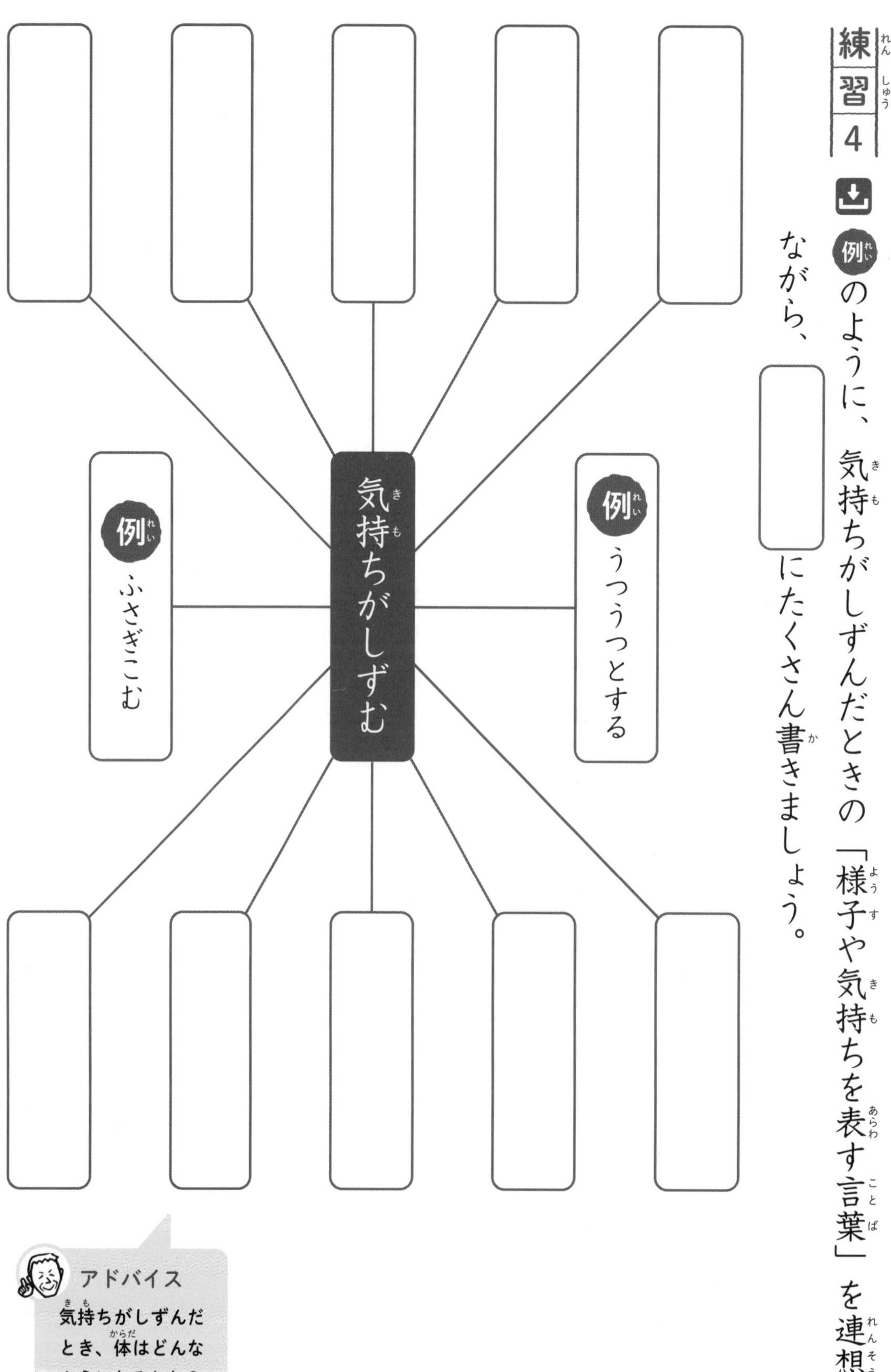

練習5

おどろいたときの「様子や気持ちを表す言葉」を連想しながら、にたくさん書きましょう。

アドバイス
おどろいたとき、体や心はどんな感じになるのか思い出してみよう

練習（れんしゅう）6

「いそがしい」様子（ようす）と「ひま」な様子（ようす）を表（あらわ）す言葉（ことば）を□にそれぞれたくさん書（か）きましょう。

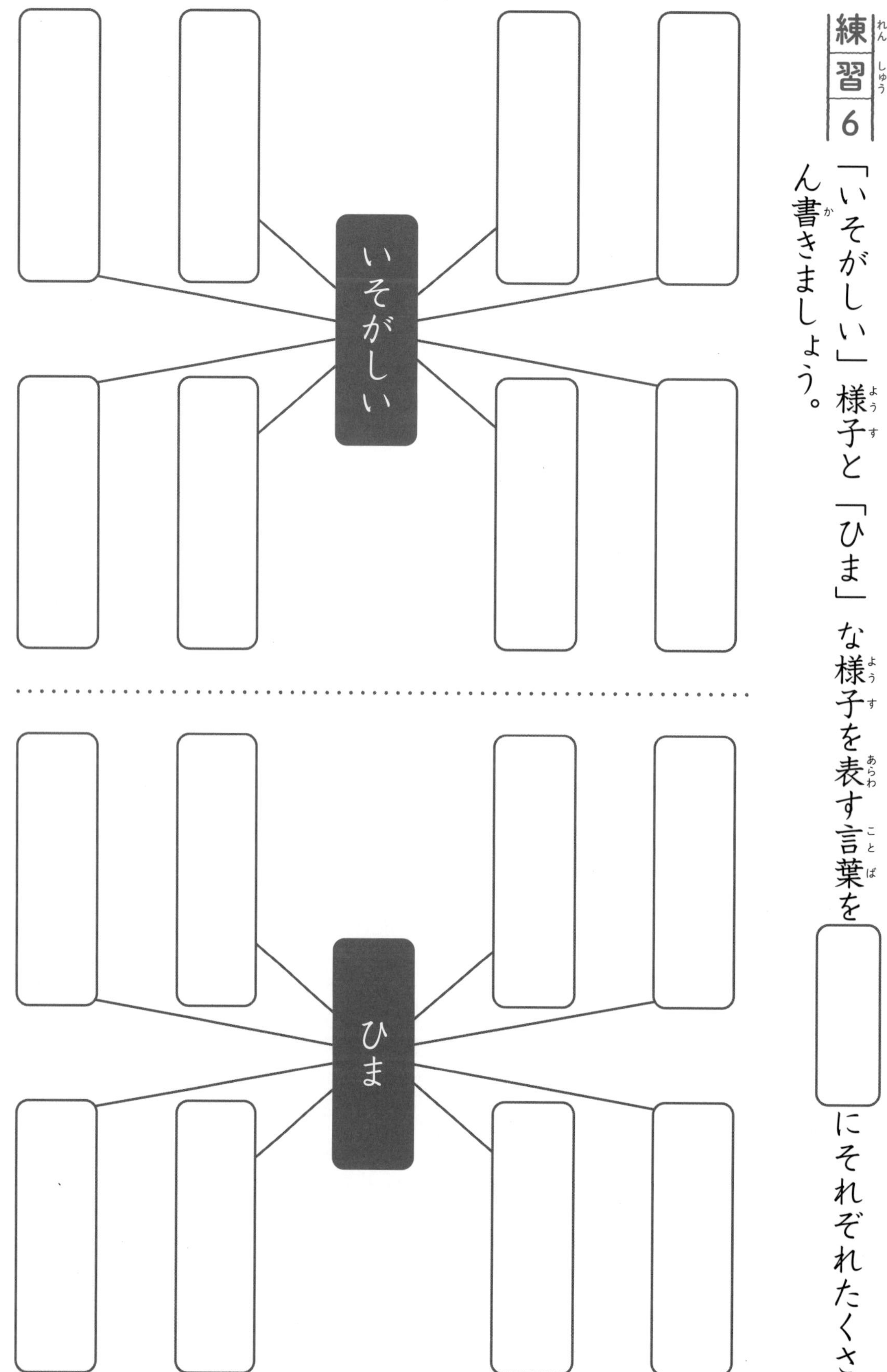

練習7

「やわらかい」様子と「固い」様子を表す言葉を［　］にそれぞれたくさん書きましょう。

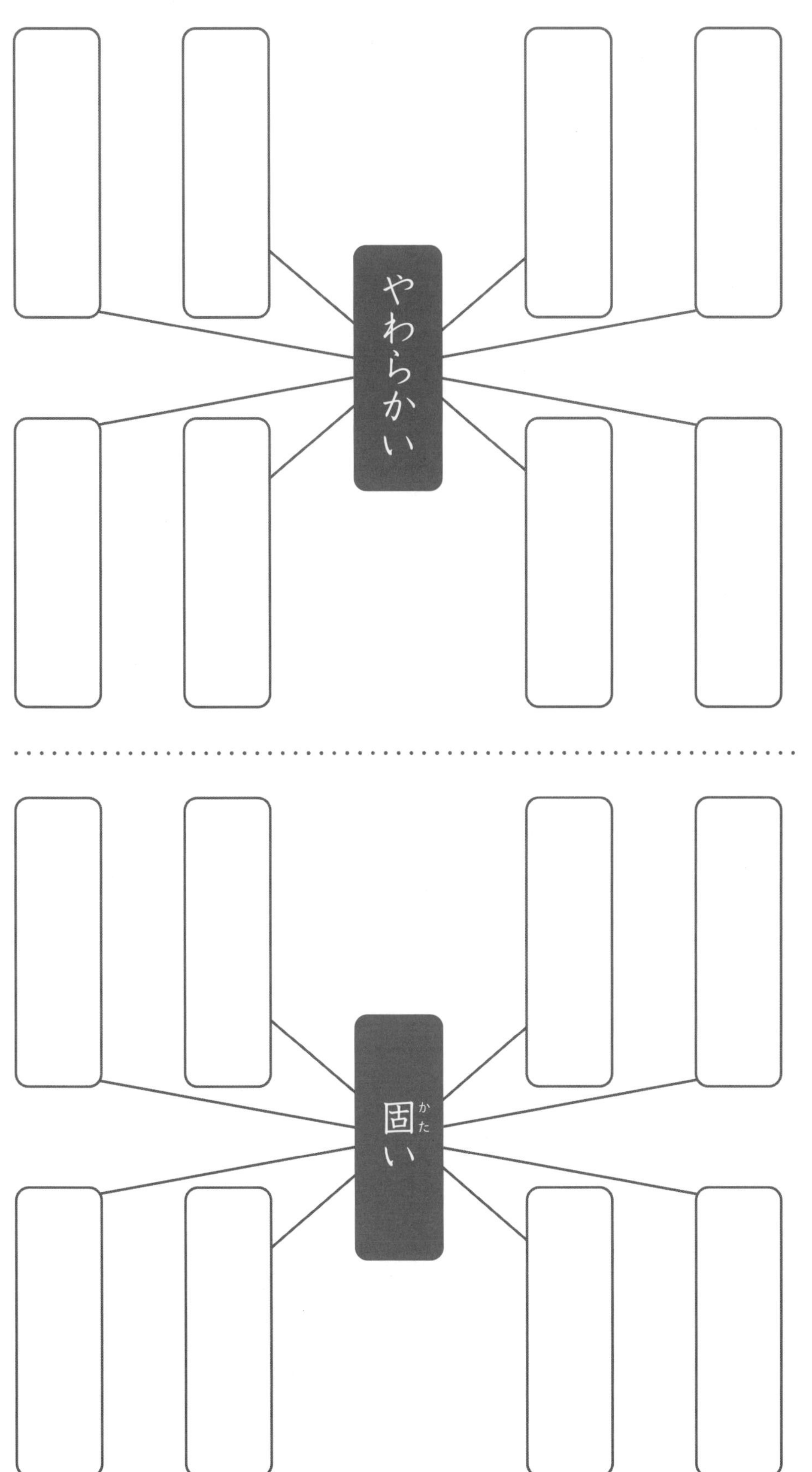

6 ふきだし言葉を使おう

ここが大切！

場面ごとに使われる会話を、想像できるようになろう

解説

セリフや会話で使う言葉を、「ふきだし言葉」といいます。 作文では、会話だけでなく、思ったことも「ふきだし言葉」として「　」（カギカッコ）に入れることができます。

練習1

上の絵を見て、例のように、それぞれのふきだしに言葉を書きましょう。

①
（例）熱いから気をつけて運んでね。

②
（例）ありがとう。気を付けるね。

練習2

次の絵を見て、ふきだしに言葉を書きましょう。

練習3

次の絵を見て、それぞれのふきだしに言葉を書きましょう。

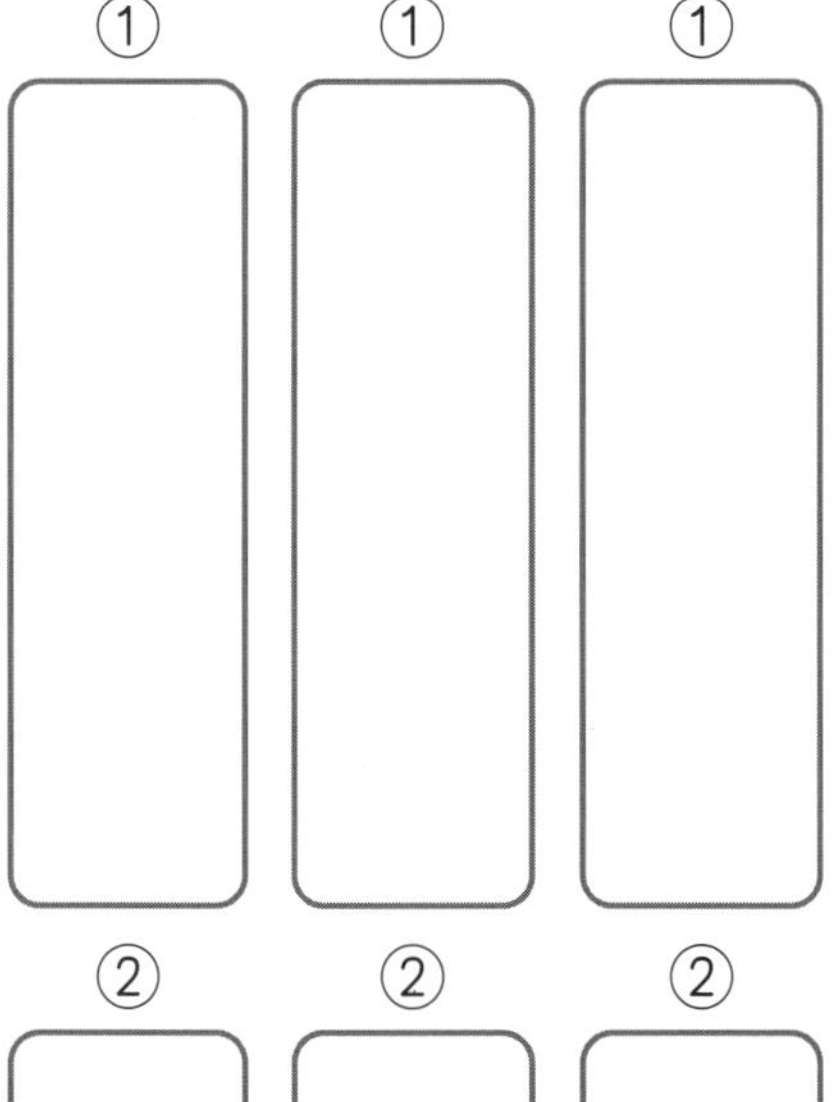

練習（れんしゅう）4

次（つぎ）の絵（え）を見（み）て、会話（かいわ）が成（な）り立（た）つように、それぞれのふきだしに言葉（ことば）を書（か）きましょう。

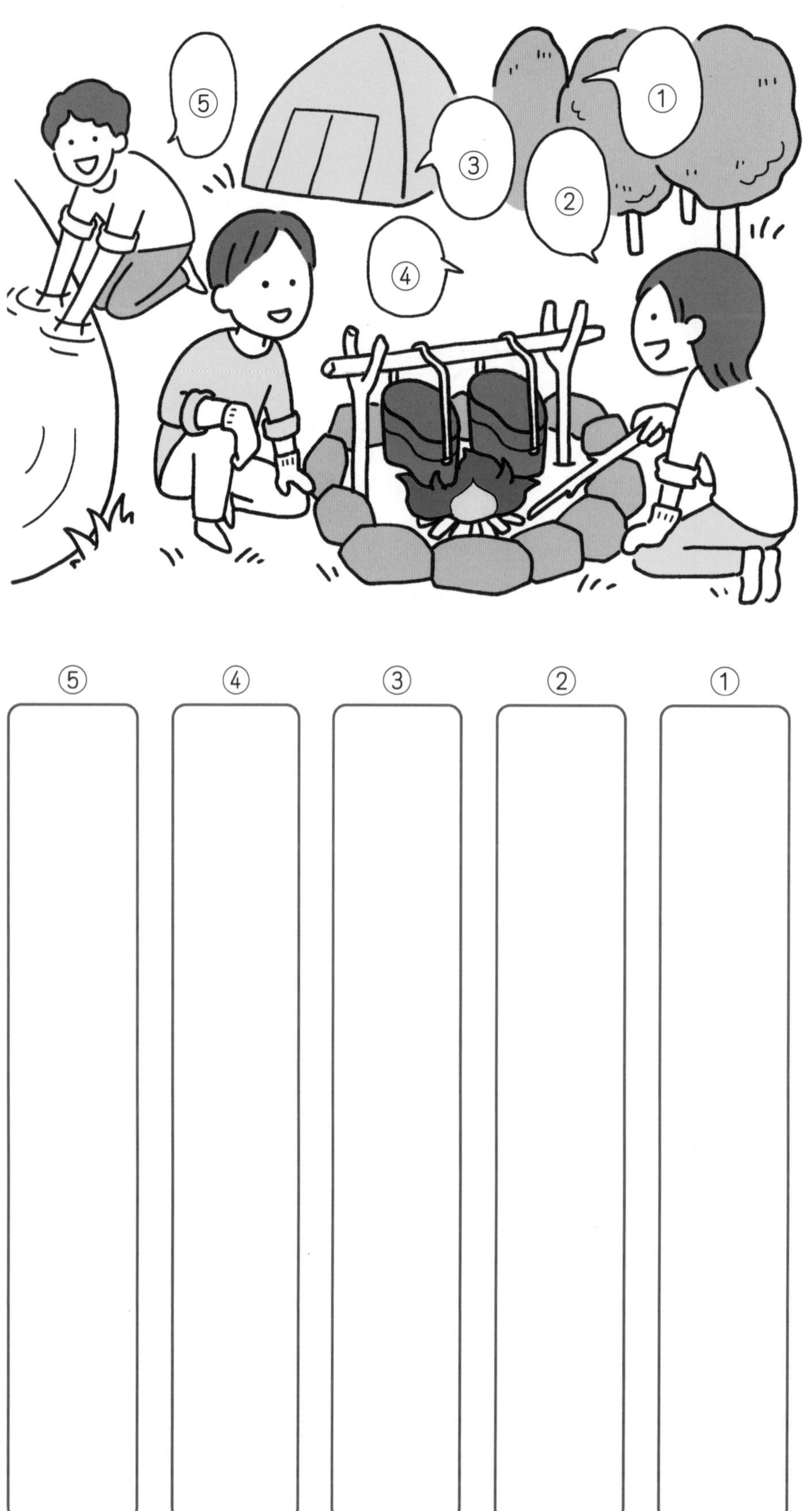

練習5

次の文を読んで「　」（カギカッコ）に「ふきだし言葉」を書きましょう。

（1）

学校からの帰り道で、お母さんの友達に会いました。「あら、さとる君、しばらく会わないうちにずい分背が伸びたわね。」と言われたので、ぼくはひそかに「　①　」と思って、家までスキップして帰りたい気分でした。

例 やった！　ジェットコースターに乗れるかも！

①

（2）

今日は授業参観日です。となりの席のゆう君は、さっきからうしろを振り返ってばかりなので、私はゆう君に小さな声で「　①　」と言いました。するとゆう君もこっそりと「　②　」と答えました。

例 ①ゆう君、何をきょろきょろしてるの？
②お母さん、見てるかなと思って気になって。

①

②

(3)

中学受験に向けて新しく塾に入りました。他校の知らない同学年の子ばかりで緊張していました。

私は「①」と先生に言いました。

すると先生は「②」と言いました。

例

① 知らない子ばかりで緊張しています。

② すぐに慣れるから大丈夫。

①

②

(4)

さとる君は、家庭科の授業で使う三角巾を家に忘れてしまいました。

「①」とあわてていると、友達のゆう君が「②」と言ってくれました。

例

① どうしよう！　家に三角巾を忘れてきてしまった。

② ぼくが２つ持っているから貸すよ。

①

②

第2章

表現を豊かにしよう

この章のポイント

読んだ人をハッとさせる作文は、どこかに鮮やかな表現がひそんでいます。そして、そういった表現ができるようになると、自然と作文を書くことが楽しくなります。

この章では、文章を生き生きとさせる表現を増やす練習をしていきましょう。

1 比喩を使ってみよう

ここが大切！

～のように、～のごとく、～みたい、などの比喩を使えるようになる

解説

比喩 バラの花のように 美しい

比喩 風のごとく 走り去る

「～のように」「～のごとく」「～みたい」などの言葉を使って、**ものごとを他のものに例える言い方を「比喩」**といいます。「バラの花のように美しい」や、「風のごとく走り去る」のように、比喩を使うと「美しい様子」や「走り去った雰囲気」などがありありとイメージできるようになり、文章が生き生きとします。

練習

「～のように」「～のごとく」という比喩を使って、表現をしましょう。

例 陸上選手は、（風のように）足が速い。

（チーターのごとく）足が速い。

（1）テストで100点を取った弟は、（のように）飛びはねた。
テストで100点を取った弟は、（のごとく）飛びはねた。

（2）干したての布団は、（のように）ふわふわだ。
干したての布団は、（のごとく）ふわふわだ。

（3）彼女の笑顔は、（のように）かがやいている。
彼女の笑顔は、（のごとく）かがやいている。

（4）友達のほおは、（のように）赤くなった。
友達のほおは、（のごとく）赤くなった。

（5）「試験に合格するぞ」という私の意思は、（のように）固い。
「試験に合格するぞ」という私の意思は、（のごとく）固い。

アドバイス
比喩を使うときのポイントは、ちょっと大げさかなと思うくらいの表現をすること！

自宅でのトレーニング

普段から、ものごとを別の言葉で例える習慣をつけましょう。「あの遊園地の乗り物、○○のようだったね」「あの歌手の歌、○○みたいだったね」などと、普段の会話から比喩を使っていると、自然と作文にも比喩が登場するようになります。

2 慣用句を使ってみよう

ここが大切！

慣用句を使えるようになる

解説

例「**目からうろこが落ちる**」
意味：何かがきっかけになって、急に物事がよくわかるようになることの例え。

この例のように、**2つ以上の言葉が結びついて、もとの意味と違う、ある決まった意味を表す言葉を「慣用句」**といいます。慣用句を使いこなせるようになると、人とはちょっと違った表現ができるようになります。

練習1

例のように、次の慣用句の［　　］にあてはまる言葉を、下の［　　］から選び、その意味を線で結びましょう。辞書を使って解いてもかまいません。

例 足音（あしおと）を忍（しの）ばせる ― 人に知られないようにこっそりと

(1) □をこらす

(2) □を飲む

(3) □を変える

(4) □を忘れる

(5) □にとどめる

(6) □を浴びる

- 怒（おこ）ったりおどろいたりして顔の表情を変える
- 人（ひと）に知（し）られないようにこっそりと
- より良（よ）い方法（ほうほう）を盛（も）り込（こ）む（加（くわ）える）
- 大勢（おおぜい）の人（ひと）から注目（ちゅうもく）される
- 夢中（むちゅう）になって放心状態（ほうしんじょうたい）になる
- いつも意識（いしき）して忘（わす）れないでおく
- 泣（な）きたいほど残念（ざんねん）な気持（きも）ちになる

血相（けっそう）　足音（あしおと）　なみだ　我（われ）　視線（しせん）　工夫（くふう）　心（こころ）

練習2

次の(1)~(9)は、動物の名がつく慣用句です。下の［　］から言葉を選んで完成させ、その意味を（　）に書きましょう。辞書を使って解いてもかまいません。

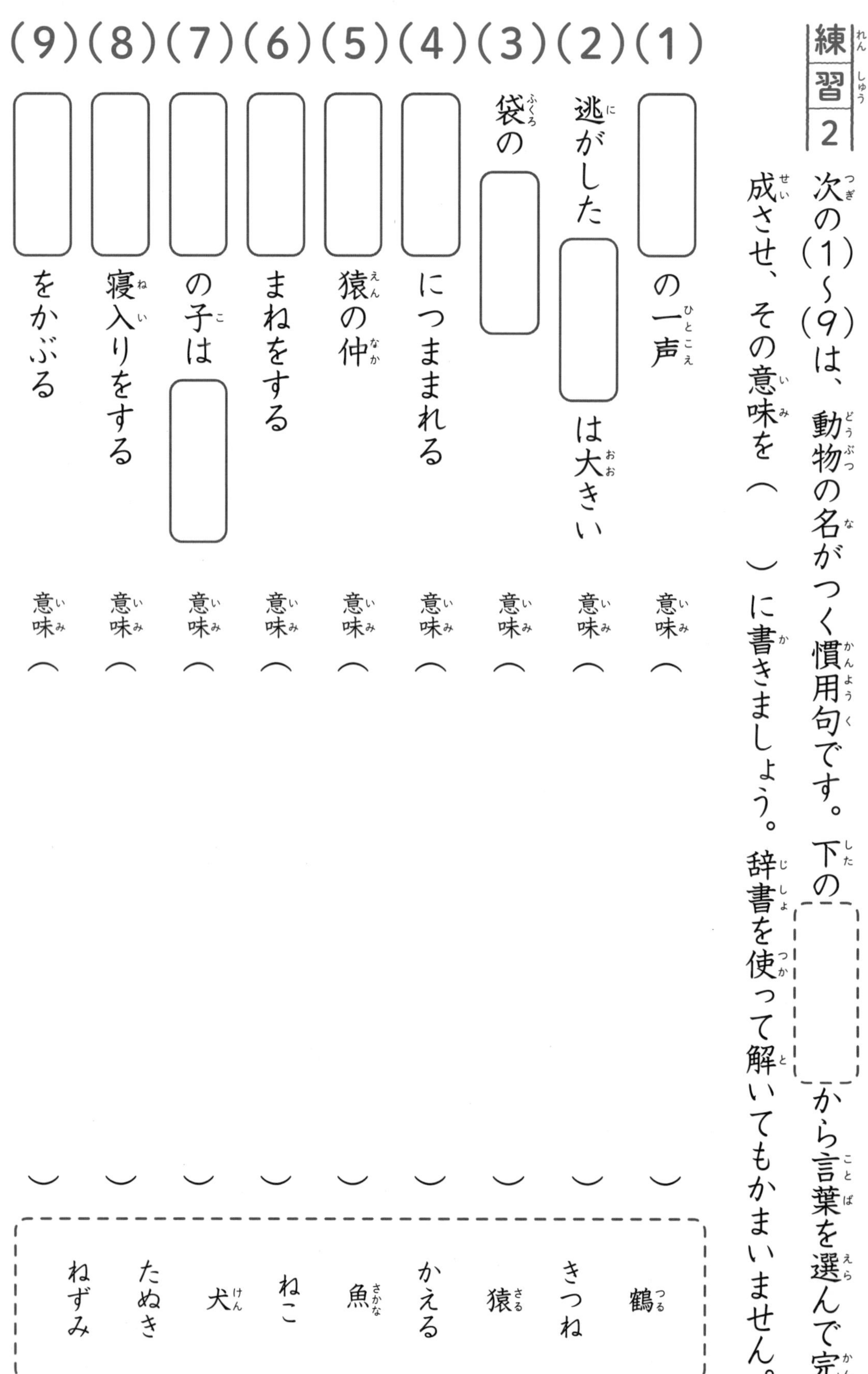

(1) □の一声
意味（　　　　）

(2) 逃がした□は大きい
意味（　　　　）

(3) 袋の□
意味（　　　　）

(4) □につままれる
意味（　　　　）

(5) □猿の仲
意味（　　　　）

(6) □まねをする
意味（　　　　）

(7) □の子は□
意味（　　　　）

(8) □寝入りをする
意味（　　　　）

(9) □をかぶる
意味（　　　　）

鶴　きつね　猿　かえる　魚　ねこ　犬　たぬき　ねずみ

練習3

次の(1)～(9)は、体の一部に関する慣用句です。下の［　］から言葉を選んで完成させ、その意味を（　）に書きましょう。辞書を使って解いてもかまいません。

(1)［　］が上がらない　意味（　）

(2)［　］が固い　意味（　）

(3) 大きな［　］をする　意味（　）

(4)［　］が立たない　意味（　）

(5)［　］を返す　意味（　）

(6)［　］をかたむける　意味（　）

(7)［　］に負えない　意味（　）

(8)［　］を見張る　意味（　）

(9)［　］を曲げる　意味（　）

頭　手　顔　歯　耳　つむじ　目　口　きびす

3 倒置法を使ってみよう

ここが大切！

倒置法を使えるようになる

解説

バラの花は美しい

倒置法　美しい、バラの花は

ちょっと工夫　美しいのだ！　バラの花は

ぼくはしかられた

倒置法　しかられた、ぼくは

ちょっと工夫　しかられたよ、このぼくが！

倒置法は、言葉の順序を逆にする方法です。「バラの花は美しい」は普通の表現ですが、この語順をひっくり返して「美しい、バラの花は」とすると印象的になります。さらにちょっと工夫して、「美しいのだ！　バラの花は」とすれば、感動やおどろきが伝わってきます。作文に倒置法を入れると、強い気持ちの動きを伝えることができます。

練習 次の文を、倒置法を使って書きましょう。感情が伝わるように、工夫をした文も作りましょう。

例 今年の運動会は、絶対に負けない。
↓ 絶対に負けない、今年の運動会は。
↓（工夫して）絶対に負けない、今年の運動会こそは！

(1) お母さんの目から、ぽろりとなみだがこぼれた。
↓
↓（工夫して）

(2) 黒いねこが、古いお屋敷に入っていった。
↓
↓（工夫して）

(3) 大事に手入れしていた花が、ついにさいた。
↓
↓（工夫して）

(4) 大好きな親友が、北海道に引っ越していった。
↓
↓（工夫して）

(5) 中学生になったら、バレーボール部に入る。
↓
↓（工夫して）

(6) ぼくの作文が表彰されて、思わず笑顔になった。
↓
↓（工夫して）

4 短い文章でわかりやすく豊かに表現しよう

ここが大切！

短い文章ではっきりと表現できるようになる

解説

作文に慣れてくると、ついつい言葉をつなげすぎて長くしがちです。長い文章は、読みにくくなったり、リズムが悪くなったりするので、**できるだけ短い文章で、すっきりとテンポよく書く**ようにしましょう。

長い文章

今日の学級会で先生が「体育祭の当番について決めましょう。」と言ったので、ぼくたちは、立候補した人たちの中で誰がよいか投票をして、当番を決めた。

すっきりした文章

今日の学級会で先生が「体育祭の当番について決めましょう。」と言った。ぼくたちは、立候補した人たちの中で誰がよいか投票をして、当番を決めた。

教えるときのポイント

いわゆる、「てにをは（助詞）」が正しく使えないことと、論理的な文章が書けないことの要因の8割は「文章が長くなっていること」にあります。一文を短くして、次の章で学ぶ接続詞を使って文と文をつなげられるようになると、

日本語的に正しく、わかりやすい文章になります。①一文を短くする。②文と文の因果関係を考えて接続詞でつなぐ。この2つは、一生使える技術ですので、ぜひこの時期にマスターしたいものです。

練習

次の長い文章について、一文を短く区切ってわかりやすくしましょう。

（1）私は、この前の雨の日に道端にねこが捨てられているのを見て、寒くてかわいそうだなと思い、家に帰ってお母さんにねこを飼いたいと相談しましたが、お母さんに「うちには犬のジョンがいるでしょう。ねこは飼えません。」と言われてしまい、とても落ちこんでいたところ、お父さんが「ジョンは他の動物と仲良くできる。ねこを飼おう。」と言ってくれたので、うちでねこを飼うことになりました。

（2）

ぼくは、生まれて初めて一人でおじいちゃんの家に行きましたが、駅から乗った電車は行きたい方向の逆方向に走り出してしまい、心細くて泣きそうになりながら、次の駅で降りて近くの駅員さんに電車の乗り方をたずねて、正しい電車に乗り、無事おじいちゃんの家にたどり着きました。

（3）

肉じゃがを作るときは、まず野菜の皮をむき、一口大にカットして、牛肉も同じくらいの大きさに切って、油をしいたなべを熱して牛肉をいためて、火が通ったことを確認したら、野菜を入れて、水を入れてにこみ、野菜がやわらかくなったら、おしょうゆとみりんとお酒と砂糖を入れ、30分にこんでできあがりです。

第3章

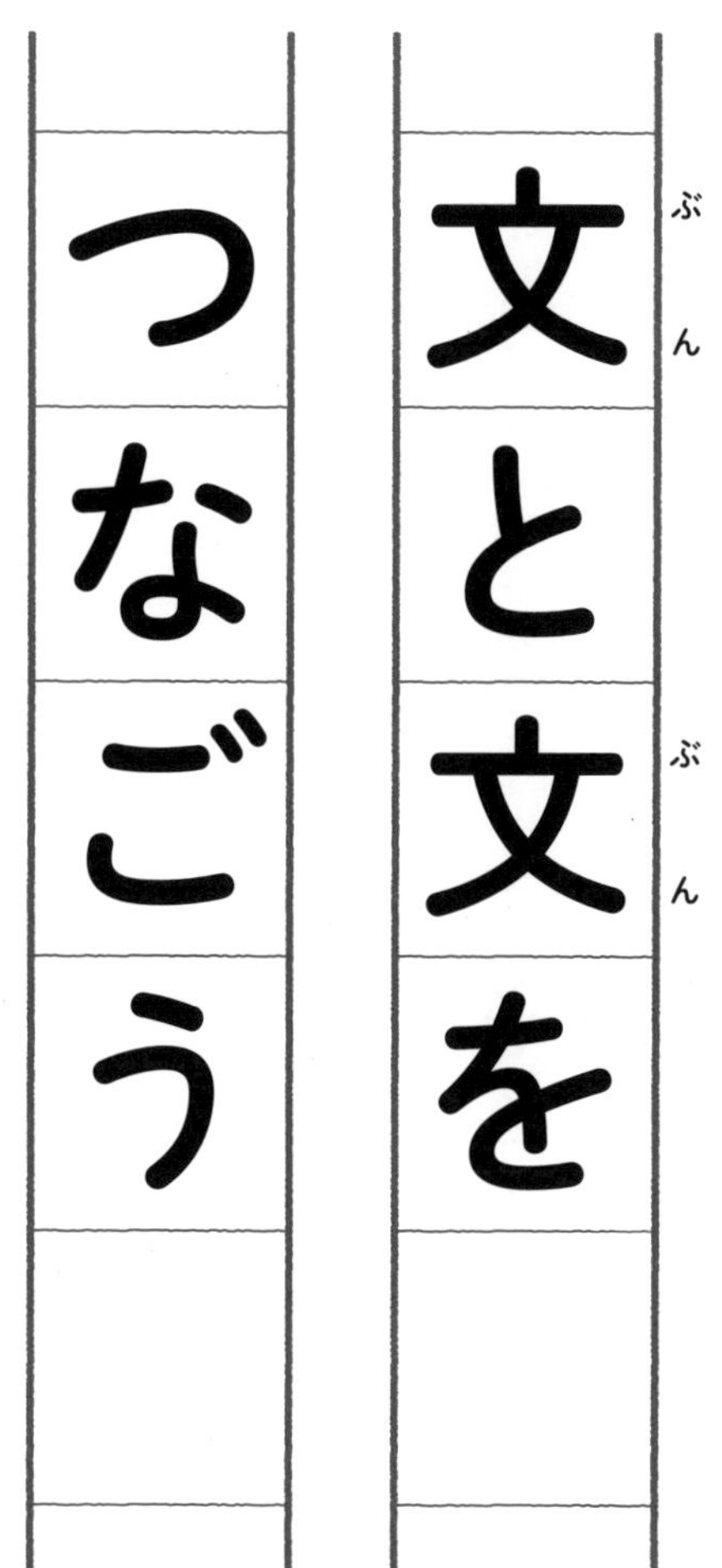

この章のポイント

この章では、つなぎ言葉（接続詞）をマスターします。

「接続詞が正しく使える」ということは、「文章の前後の関係をはっきり理解して書ける」ということ。接続詞を使いこなせるようになると、自然と論理的な文章が書けるようになりますし、国語力の向上にもつながります。

1 接続詞の役割を知ろう①（順接と逆接）

ここが大切！

順接と逆接の「接続詞（つなぎ言葉）」を知る

解説

文と文をつなぐ「つなぎ言葉」を、「接続詞」といいます。接続詞のうち、とくに重要なのは、この2つです。

①前の文と後ろの文が**「なるほど！」とつながる場合のつなぎ言葉（順接の接続詞）**
②前の文と後ろの文が**「え？　どうして？」とつながる場合のつなぎ言葉（逆接の接続詞）**

音楽発表会に向けて、一生けんめい練習した。だから優勝できた。
なるほど！

音楽発表会に向けて、一生けんめい練習した。なのに失敗した。
え？　どうして？

練習1

例のように、次の文をつなげる接続詞のうち、正しいものを選びましょう。

例 友達が前を歩いていた。〔そこで／(それなのに)〕話しかけられなかった。

(1) ラジオ体操は準備運動だ。〔だから／しかし〕朝礼で行います。

(2) 急に雨が降り出した。〔なので／けれども〕かさをささずに帰った。

(3) 誕生日に自転車を買ってもらった。〔そのため／それなのに〕お兄ちゃんが乗っていってしまった。

(4) 私は先生の話をよく聞いていた。〔それで／だけど〕友達にくわしく説明してあげられた。

(5) 給食に嫌いなピーマンが入っていた。〔だから／でも〕がんばって食べた。

(6) 運動会の徒競走で1位になった。〔だけど／なので〕お母さんがほめてくれた。

(7) 野球選手になりたい。〔そこで／しかし〕野球の練習だけでなく、勉強もしっかりしなければいけないと思う。

(8) テストの前日までサッカーの練習が大変だった。〔それで／けれども〕満点がとれた。

アドバイス

「なるほど！」でつながるのか「え？　どうして？」でつながるのかを考えよう

練習2

例のように、［　　］に接続詞を入れて文をつなげましょう。

例　たくさんのてるてる坊主を作った。［にもかかわらず］当日は大雨だった。

(1) 私は甘い物が好きです。［　　］キャラメルは嫌いです。

(2) 運動会の予行演習では白組が負けてしまった。［　　］本番では大差で勝った。

(3) 毎日一生けんめい練習した。［　　］学校の代表選手に選ばれた。

(4) ボランティアでごみ拾いをした。［　　］その地域の方に喜ばれた。

(5) 家族で旅行に行った。［　　］台風が近づいていて雨が続いてばかりだった。

(6) 算数が好きだ。［　　］将来は理数系に進みたいと思っている。

(7) 今日はサッカーの練習をお休みした。［　　］体調不良だったからだ。

(8) 父親の転勤で他の県に引っ越すことになった。［　　］ここで暮らした想い出は一生ものだ。

(9) 発表会まであと1ヶ月しかない。［　　］ダンスの準備を急ぐよう呼びかけた。

(10) 学校が休校になった。［　　］台風の被害がひどかったからだ。

アドバイス
正解はひとつではないよ！

練習3

例のように、次の接続詞に続く文を作りましょう。

例 片道5キロを往復します。だから 合計10キロ歩くことになります。

(1) 私はピアノを弾くのが好き。だから［　　　　］。

(2) 新聞クラブに入部した。でも［　　　　］。

(3) 段差で転んだ。けれども［　　　　］。

(4) 今日は魚が食べたい気分。だから［　　　　］。

(5) 来年の4月に弟が小学校に入学する。しかし［　　　　］。

(6) 彼女は勉強ができる。そのうえ［　　　　］。

教えるときのポイント

前の文章と後ろの文章の関係性を考えながら、接続詞を探しましょう。正解はひとつだけではないので、いくつもあげて同じ機能を持つ接続詞に慣れるようにしましょう。

自宅でのトレーニング

順接と逆接の接続詞は、言葉で説明するよりは、いろんなシチュエーションの中で覚えていくほうが自然と身につきます。普段の会話の中で、接続詞を使う練習をしましょう。

2 接続詞の役割を知ろう②（その他）

順接と逆接以外の「接続詞」について知ろう

解説

順接と逆説の接続詞以外にも、次のような、文と文をつなぐ接続詞があります。前の文と後ろの文の関係を考えながら、接続詞を選びましょう。

①前の文のあとにつけ加えたり、並べたりする接続詞

郵便局で待たされた。　そのうえ（加えて、さらに……など）　病院でも待たされた。

②前の文につけ足したり、くり返して説明したりする接続詞

明日は12月31日。　つまり（したがって、いわば、すなわち、要するに……など）　大みそかです。

③前と後ろのものごとを比べたり、どちらかを選んだりする接続詞

ラクダは肉食動物ですか？　それとも（あるいは、または……など）　草食動物ですか？

④前の文と後ろの文を対比する接続詞

スポーツは大の得意だ。**一方（逆に、そのかわり、他方では……など）**読書は苦手である。

⑤前の文の原因や理由を説明する接続詞

コンクールで入賞できなかった。**なぜなら（その理由は、というのも、だって……など）**致命的なミスをしたからだ。

⑥話題を変える接続詞

この章は読み終わった。**さて（それでは、では……など）**次の章に進もう。

練習1

例のように、次の文をつなげるときに正しいほうの接続詞を選びましょう。

例 今日の帰りはバスで帰るつもり。［および／**(あるいは)**］電車でもいい。

（1）自分の行動が正しいか、よく考える必要がある。［なぜなら／もしくは］考えずに行動すると失敗するからだ。

（2）来週、クラスの係決めをします。［それから／または］係のポスターを作り、リーダーを決めましょう。

（3）先週がんばって勉強した内容がたくさんテストに出た。［くわえて／つまり］努力が実を結んだのだ。

練習2

例のように、次の接続詞に続く文章を作りましょう。

例 あなたは絵を買うことができます。ただし、アンケートに答えなければいけません。

(1) 私はアメリカに住んでいます。ところで、　　　　。

(2) 自分の宿題をやり終えた。それから、　　　　。

(3) 花子さんは雨の日が好きです。なぜなら、　　　　。

(4) 森の中を歩いていた。すると、　　　　。

(5) 本当におなかがすいた。なぜなら、　　　　。

(6) 私は音楽の時間が一番好きだ。そして、　　　　。

練習3

例のように、上と下の文をつなぐ接続詞を書きましょう。

例 今日は風が強い。

でも	気温は高い。
それで	ほこりが目に入ってくる。
加えて	雨まで降ってきた。

（1） 私はバラの花が好き。

ア［　　］ひまわりの花も好き。

イ［　　］よく買いに行く。

ウ［　　］とっても香りがいいから。

（2） 「今日はいいお天気ですね。」

ア「［　　］遠足はいつですか。」

イ「［　　］明日は雨になるらしいですよ。」

ウ「［　　］ドライブに行こうと思います。」

（3） 今日は街にいつもより人が多い。

ア［　　］連休中ほどではない。

イ［　　］お祭りがあるからだ。

ウ［　　］車も渋滞している。

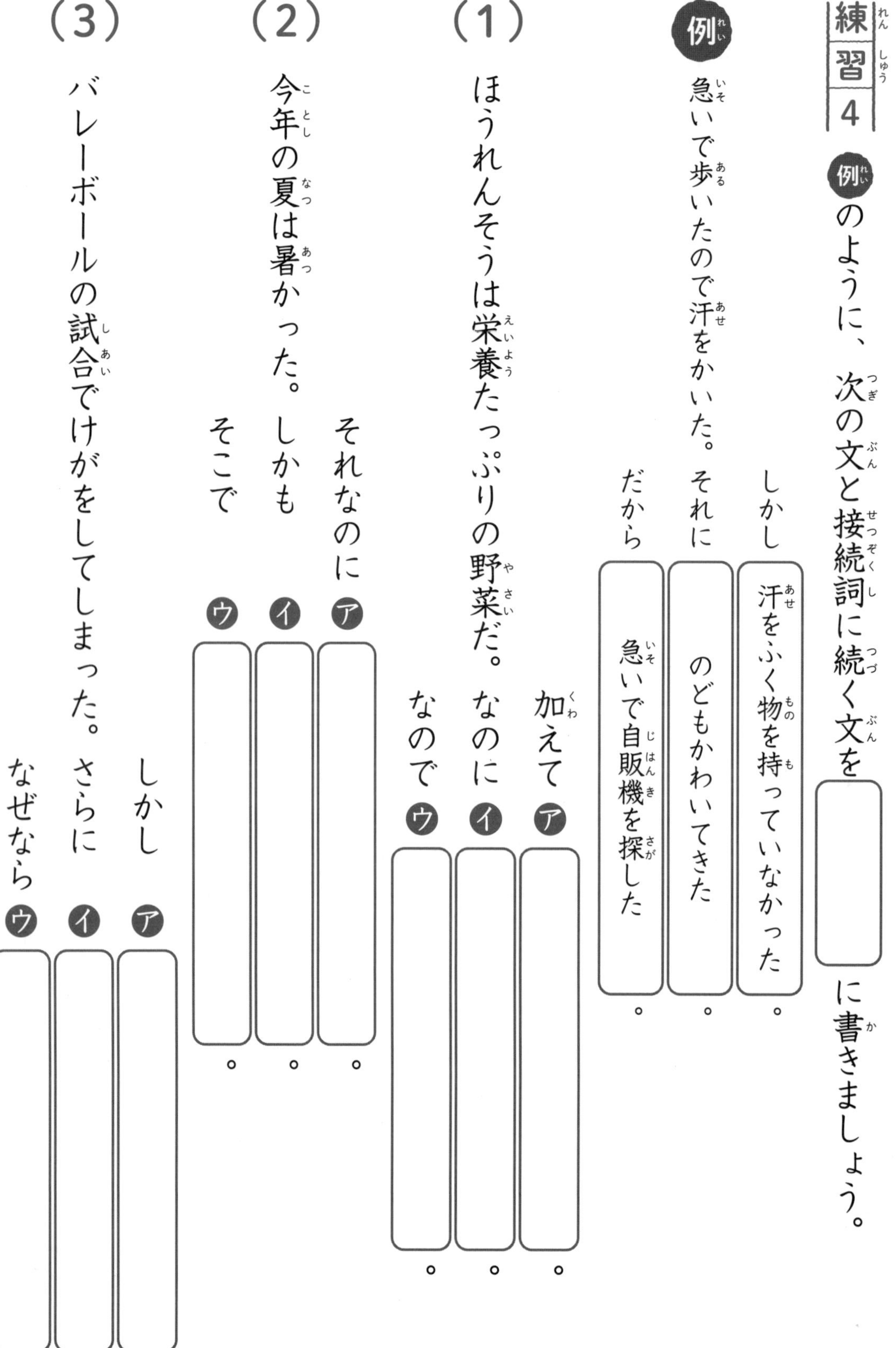

練習4

例のように、次の文と接続詞に続く文を［　］に書きましょう。

例 急いで歩いたので汗をかいた。
しかし　汗をふく物を持っていなかった。
それに　のどもかわいてきた。
だから　急いで自販機を探した。

(1) ほうれんそうは栄養たっぷりの野菜だ。
ア 加えて［　］。
イ なのに［　］。
ウ なので［　］。

(2) 今年の夏は暑かった。
ア それなのに［　］。
イ しかも［　］。
ウ そこで［　］。

(3) バレーボールの試合でけがをしてしまった。
ア しかし［　］。
イ さらに［　］。
ウ なぜなら［　］。

練習5

例のように、［　］に接続詞を入れて2つの文にしましょう。

例 おいしそうなメロンだったので2こも買ってきた。
↓おいしそうなメロンだった。［だから］2こも買ってきた。

（1）雨が降ってきたし手も冷たくなってきた。
↓雨が降ってきた。［　］手も冷たくなってきた。

（2）まっすぐ進むつもりだったがその先は通行止めだった。
↓まっすぐ進むつもりだった。［　］その先は通行止めだった。

（3）値段は安いが品質はよさそうだ。
↓値段は安い。［　］品質はよさそうだ。

（4）せみの声が聞こえてきたので、本格的に夏が始まりそうだ。
↓せみの声が聞こえてきた。［　］本格的に夏が始まりそうだ。

（5）今年、野菜の価格が高いのは、例年より台風が多いからだ。
↓今年、野菜の価格が高い。［　］例年より台風が多いからだ。

練習6

例のように、下の［　］の中の接続詞を2つ使って文を作りましょう。ただし、一度使った接続詞は同じ問題内では使えません。

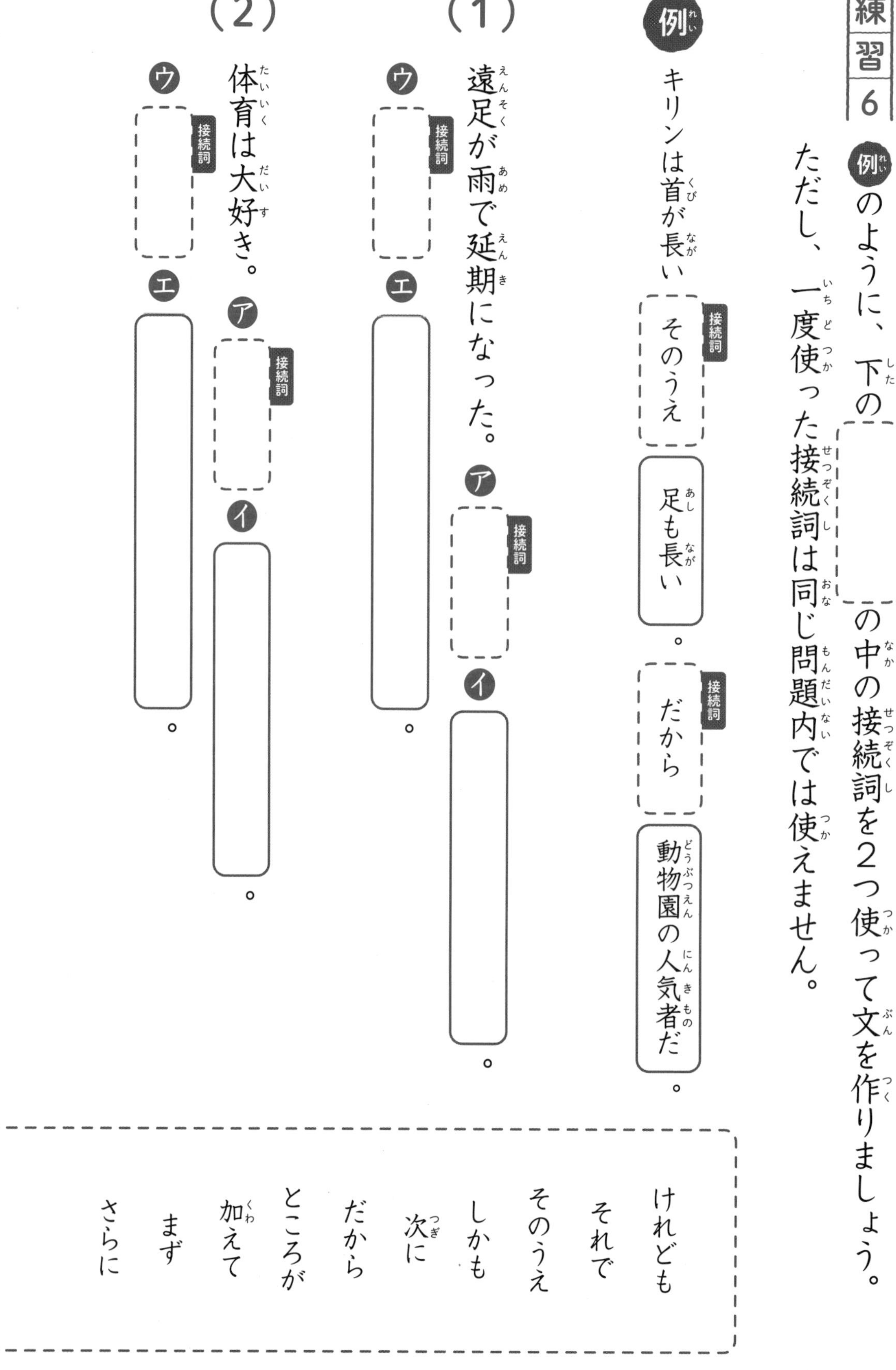

例　キリンは首が長い［接続詞 そのうえ］［足も長い］。［接続詞 だから］［動物園の人気者だ］。

(1) 遠足が雨で延期になった。ア［接続詞　］イ［　］。ウ［接続詞　］エ［　］。

(2) 体育は大好き。ア［接続詞　］イ［　］。ウ［接続詞　］エ［　］。

けれども
それで
そのうえ
しかも
次に
だから
ところが
加えて
まず
さらに

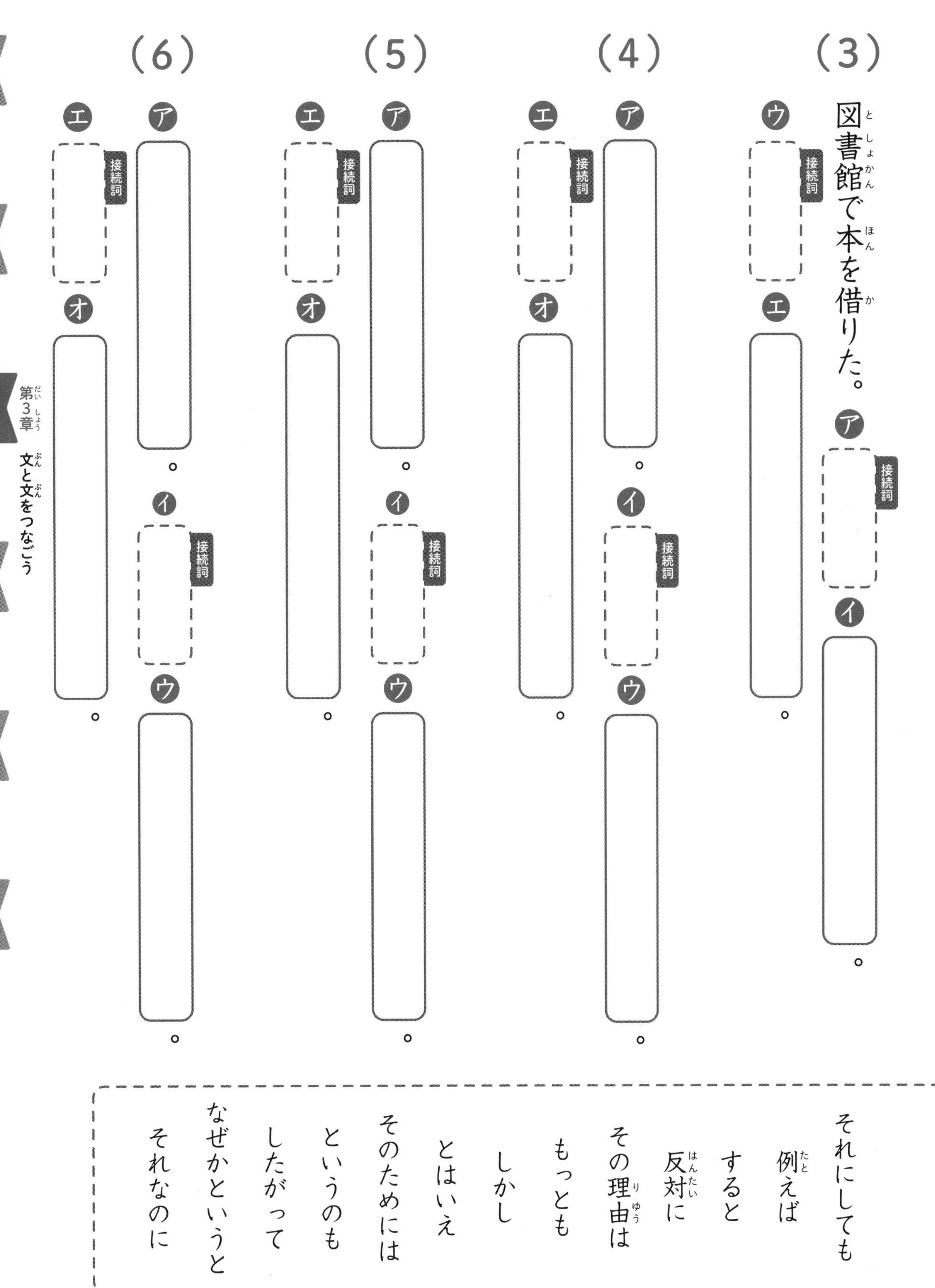

それにしても
例えば
すると
反対に
その理由は
もっとも
しかし
とはいえ
そのためには
というのも
したがって
なぜかというと
それなのに

コラム

あるプロの物書きの方と話をしているときのことでした。その方は若い頃、「接続詞を変えて、2パターンの文章を書く訓練」をしたと話をしていました。

例えば、「今日、話題になっている映画を観た」と書き出したとします。そのあとに、「そこで～」と続けた場合の文章を考え、さらに「ところが～」と続けた場合の文章を考えて、2パターンの文章を書くのだそうです。

その方いわく、「文章の論理展開は、どんな接続詞を使うかで決まる」とのことでした。これは、108ページからの小論文の書き方にもつながる考え方です。

また、その方は、誰もが読みやすい文章とは、

①一文が短いこと
②正しい接続詞が使われていること

の2つを満たしていると断言されていました。第2章の44ページで練習しましたが、だらだらと文をつなげるのではなく、文を区切って接続詞を使ったほうが、因果関係がはっきりして、何を伝えたいかがはっきりするのだそうです。

最近の小学校の国語指導は、論理的な文章を読み解く力、書く力を育てることに注力しています。論理的な文章を書けるようになるためにも、「接続詞」を自由自在に操れるようにしたいものです。

第4章

意見や感想を伝えよう

この章のポイント

この章では、効果的に意見を伝える方法を学びます。「小論文」などに代表される作文では、自分の意見を、誰にでもわかる言葉で正確に伝えることが大事です。そのときに、ポイントとなるのは、「根拠」を示すことと、「例」を示すことです。「根拠」と「例」がある文章を書ければ、説得力が増します。

1 理由を入れて意見を伝えよう

ここが大切！

「なぜなら～」「どうしてかというと～」を使い、意見の根拠を伝えよう

スキーが大好きです。
↓
スキーが大好きです。
根拠 なぜなら、風を切る心地よさがたまらないからです。

伝統は、大事に守るべきである。
↓
伝統は、大事に守るべきである。
根拠 どうしてかというと、長く続いていることには昔の人の知恵がつまっているから。

解説

「スキーが大好きです。」も「伝統は、大事に守るべきである。」も、自分の意見です。そこに「なぜなら～」「どうしてかというと～」などで、**根拠（なぜそう思うのかの理由）を示すと、説得力のある意見**になります。

練習

例のように、［　］に「なぜなら〜」や「どうしてかというと〜」などに続く自分の考えをつけ足して、意見の根拠を示しましょう。

例 ぼくは読書が好きです。なぜなら［知らないことを学ぶことができるからです］。

（1）私はスマートフォンがほしい。なぜなら、［　　］。

（2）太郎さんは、ひまわりが好きです。どうしてかというと、［　　］。

（3）カメはウサギをうらやましいと思っています。なぜかというと、［　　］。

（4）お母さんはいつもおこっています。なぜなら、［　　］。

（5）私は環境問題に関心があります。どうしてかというと、［　　］。

2 想像して意見を伝えよう

ここが大切！

「きっと〜」「多分〜」を使って、自分の考えを伝えよう

解説

姉は、海に行くのに反対した。
↓
姉は、海に行くのに反対した。きっと、日焼けするのがいやなのだろう。（予想や考え）

先生に呼び出された。
↓
先生に呼び出された。多分、テストの結果について話があるのだと思う。（予想や考え）

はっきりと**根拠を言えない場合でも、自分で予想をし、考えを表現することはできます。**そのような場合は「きっと、〜だろう。」や、「多分、〜だと思う。」のような言葉を使って、自分の考えを文章で伝えましょう。

練習

例のように、「きっと〜」や「多分〜」に続く自分の考えを[　　]につけ足して、文を作りましょう。

例　給食のメニューで一番好きなものは、やっぱりカレー。学校のカレーってどうしてあんなにおいしいのだろう。

きっと、[家で作るよりもたくさんの種類の食材を使っているからじゃないかな]。

(1) 佐々木くんは、先週できなかった逆上がりが、できるようになっていた。

きっと、[　　　　]。

(2) 朝ごはんのとき、お父さんがずっとだまっている。

多分、[　　　　]。

(3) 山田さんは朝から少し眠たそうで元気がない。

多分、[　　　　]。

(4) となりのグループは、修学旅行の自由行動の行き先がなかなか決まらない。

きっと、[　　　　]。

(5) 合唱コンクールでは私たちのクラスが優勝した。

多分、[　　　　]。

3 例を出してわかりやすく伝えよう

ここが大切！

「例えば～」を使って、自分の意見や質問をわかりやすく伝えよう

将来は海外で働きたいです。

↓

将来は海外で働きたいです。

例 例えば、ニューヨークやロンドンなどの大都市で。

地震になったときの備えはありますか？

↓

地震になったときの備えはありますか？

例 例えば、簡易トイレは用意していますか？

解説

「例えば～」を使って例をあげると、その前の文章がよりくわしく、わかりやすく伝わります。相手にうまく伝わるといいなと感じる部分は、例をあげて伝えるようにしましょう。

練習

例のように、「例えば～」に続く文を［　　］に書き足しましょう。

例 ぼくは将来医者になりたいので、今から、努力をしています。
例えば、［算数や理科の勉強に力を入れています］。

(1) 私は、優しい人が好きです。
例えば、［　　］。

(2) 私は、歴史上の人物を尊敬しています。
例えば、［　　］。

(3) 好きな四字熟語があります。
例えば、［　　］。

(4) 行ってみたい都道府県があります。
例えば、［　　］。

(5) ぼくは、将来の夢がたくさんあります。
例えば、［　　］。

4 意見や考えを伝え、読む人を説得しよう

人を説得する言葉を使って、論理的に意見や考えを伝えよう

ここが大切！

解説

自分の意見をしっかり伝えたいときや、人を説得する文章を書きたいときは、**結論↓理由（なぜなら〜）↓例①（例えば〜）↓例②（例えば〜）↓もう一度結論**の順番で書くと、相手に伝わりやすくなります。

結論 私は、インターネット投票に賛成です。
理由 なぜなら、投票率が上がると思うからです。
例① 例えば、体の不自由な人も、家から投票できますし、
例② 若者も、インターネットなら投票しやすいと思います。
結論 だから、私は、インターネット投票に賛成です。

教えるときのポイント

小論文というと難しく感じるかもしれませんが、ポイントは、自分の意見や考えを論理立てて伝えることにあります。そのためには、ここまで練習してきた、意見を補強する伝え方を使っていきましょう。まずは型にはめることで、論理的な文章に慣れておくと、小論文を書くときもスムーズです。

練習1

解説を参考にしながら、次の［　］に理由や例を書きましょう。

（1）

結論　私は一年の中で夏が一番好きです。

理由　なぜなら、［　］

例①　例えば、［　］

例②　［　］

結論　だから、私は、夏が一番好きなのです。

（2）

結論　私は一年の中で秋が一番好きです。

理由　なぜなら、［　］

例①　例えば、［　］

例②　［　］

結論　だから、私は、秋が一番好きなのです。

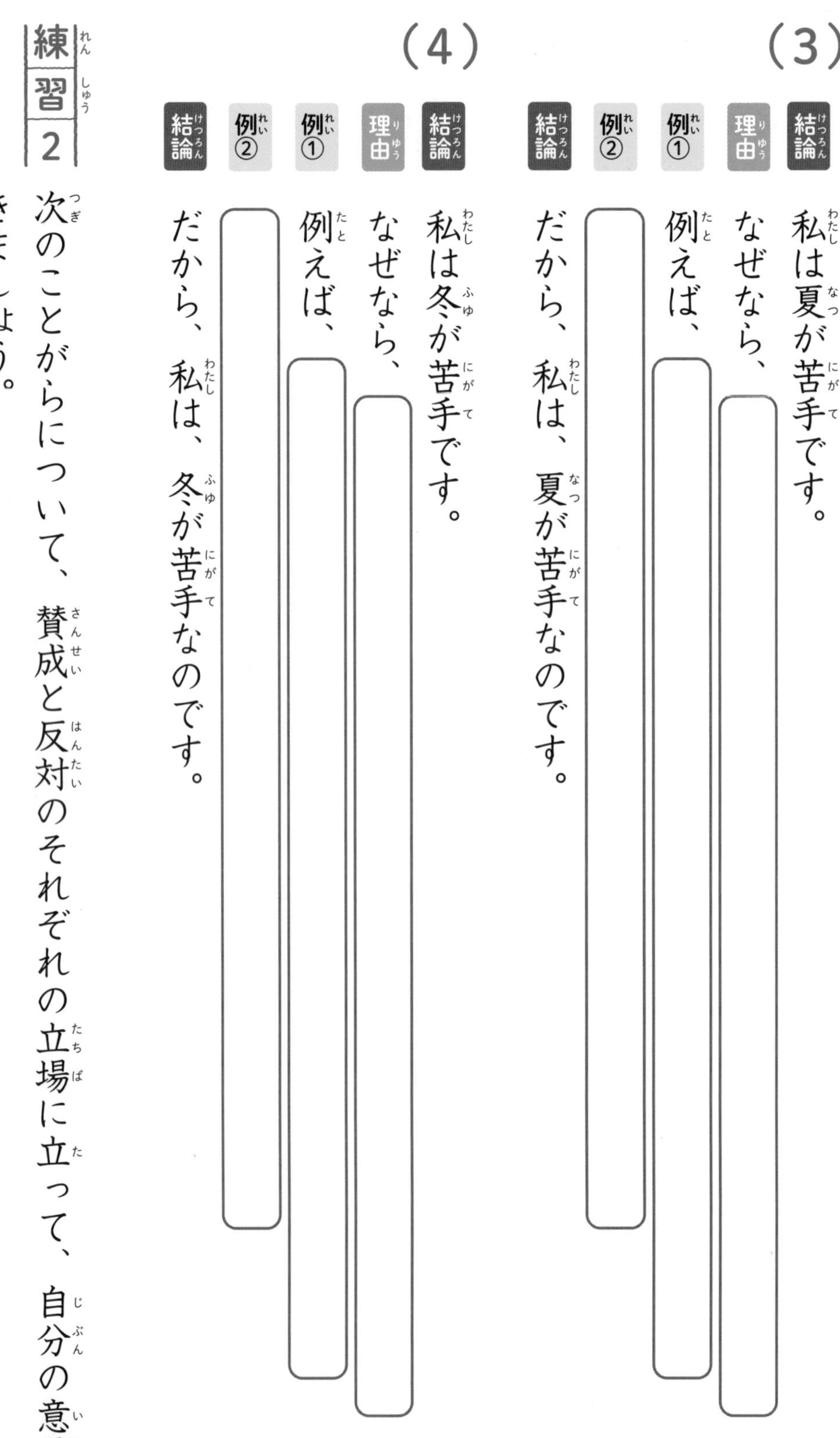

（3）

結論　私は夏が苦手です。

理由　なぜなら、

例①　例えば、

例②

結論　だから、私は、夏が苦手なのです。

（4）

結論　私は冬が苦手です。

理由　なぜなら、

例①　例えば、

例②

結論　だから、私は、冬が苦手なのです。

練習2

次のことがらについて、賛成と反対のそれぞれの立場に立って、自分の意見を書きましょう。

(1) 学級委員を推薦で決めることについて

(ア) 賛成の立場の場合

結論 私は、学級委員を推薦で決めることに賛成です。

理由 なぜなら、

例① 例えば、

例②

結論 だから、学級委員は推薦で決めたほうがいいと思います。

(イ) 反対の立場の場合

結論 私は、学級委員を推薦で決めることに反対です。

理由 なぜなら、

例① 例えば、

例②

結論 だから、学級委員は推薦で決めないほうがいいと思います。

（2）小学生が携帯電話を持つことについて

（ア）賛成の立場の場合

結論 私は、小学生が携帯電話を持つことについて賛成です。

理由 なぜなら、

例① 例えば、

例②

結論 だから、小学生は携帯電話を持ったほうがいいと思います。

（イ）反対の立場の場合

結論 私は、小学生が携帯電話を持つことについて反対です。

理由 なぜなら、

例① 例えば、

例②

結論 だから、小学生は携帯電話を持たないほうがいいと思います。

練習3

次のことがらについて、2つの立場に立ち、「なぜなら～」や、「例えば～」を使って自分の意見を書きましょう。

(1) お金と時間は、どちらが大事か

(ア) お金のほうが大事だと主張したい場合

(イ) 時間のほうが大事だと主張したい場合

アドバイス
例えばで使う例は、1つでも2つでもいいよ

(2) ペットを飼うなら、犬か、ねこか

(ア) 犬のほうがよいと主張したい場合

(イ) ねこのほうがよいと主張したい場合

自宅でのトレーニング

普段の会話の中でも、「どうしてそう思うの？」と理由を聞いたり、「例えばどんなこと？」と具体的な例をたずねたりすると、自然と論理的な考え方ができるようになります。

第5章

書き出しを工夫しよう

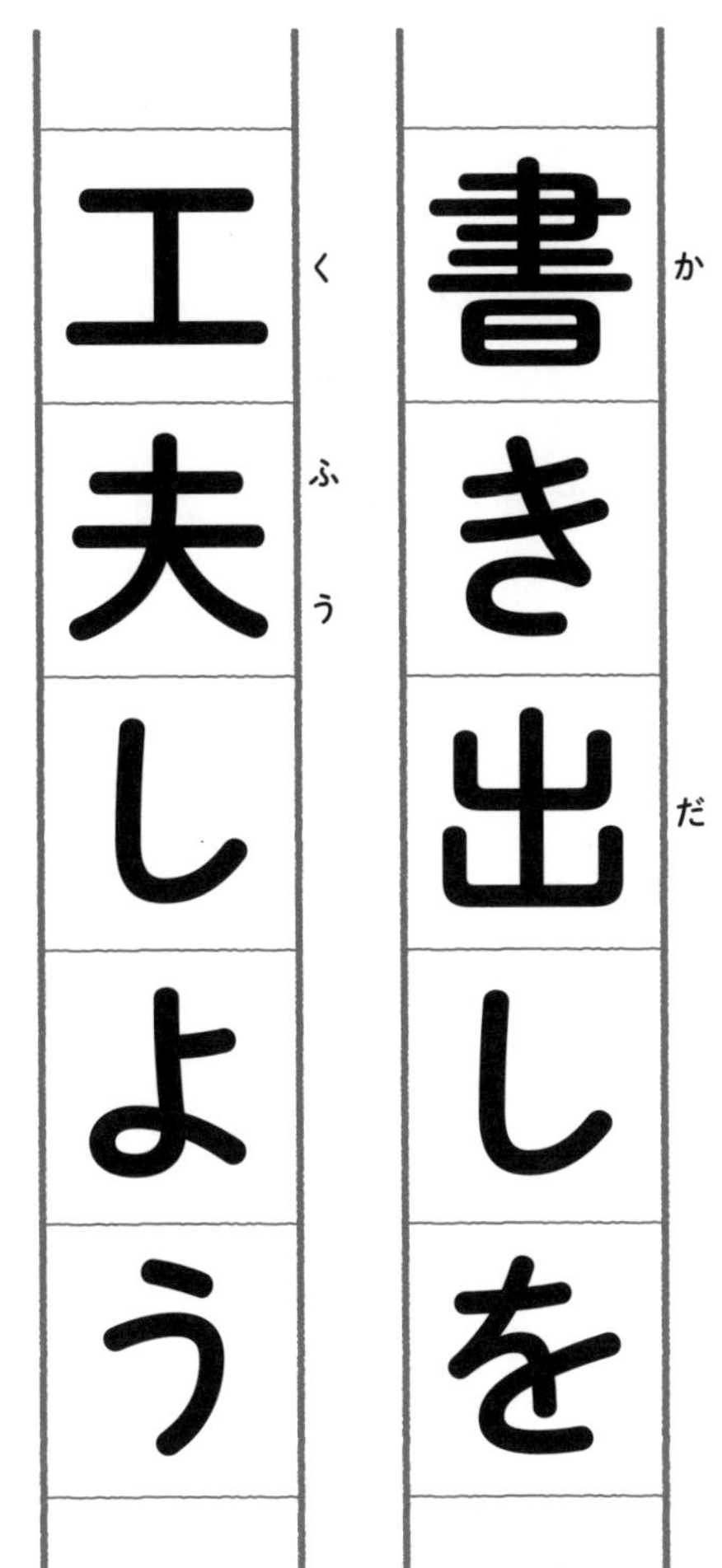

この章のポイント

この章では、作文の肝となる「書き出し」のバリエーションを学習します。「作文は書き出しで決まる」と言っていいほど、書き出しの言葉が重要です。ありきたりにならない書き出しのパターンを身につけ、自信を持って作文を書きはじめられるようになりましょう。

1

擬音語・擬態語で作文を書きはじめよう

ここが大切！

擬音語・擬態語を使って場面を思い浮かべられる書き出しにしよう

解説

花火の音が胸にひびき、夏を感じました。

↓

擬音語 ドーンドーン。花火の音が胸にひびき、夏を感じました。

お姉ちゃんが笑って、ドアから出て行きました。

↓

擬音語 にやり。お姉ちゃんが笑って、ドアから出て行きました。

「ドーンドーン」や「バタン」というように、**音を言葉で表した言葉を擬音語**、「にやにや」「べったり」などの、**身ぶりや状態を表す言葉を擬態語**といいます。16ページで説明したわんにゃん言葉も、擬音語や擬態語のひとつです。擬音語や擬態語から作文をはじめると、文章を読んだ人の耳にその音が届いたり、様子が目に浮かんだりします。読んでいて楽しい、その人らしい個性的な書き出しになるのも、擬音語や擬態語で作文をはじめることのよさです。

練習　例のように、次のテーマの作文の書き出しを、擬音語・擬態語を使って書きましょう。

例　テーマ　ペット
→ぺろぺろ。くすぐったい。チワワのジョンは、遊んでほしいときにぼくの顔をなめます。

（1）テーマ　夏休み

（2）テーマ　水族館

（3）テーマ　天気

アドバイス
16ページのわんにゃん言葉を思い出してみよう

2 会話で作文を書きはじめよう

ここが大切！

会話文で生き生きとした書き出しにしよう

ぼくは、高尾山の頂上でさけびました。

↓

会話文「ヤッホー！」ぼくは、高尾山の頂上でさけびました。

私は、初めて会った女の子に声をかけました。

↓

会話文「一緒にドッジボールをしようよ。」私は、初めて会った女の子に声をかけました。

解説

会話文から作文をはじめると、文章を読んでいる人は、まるで目の前で会話を聞いているような気持ちになります。場面を思い浮かべることができるので、読んでいる人の興味を強く引けます。

練習

例のように、次のテーマの作文の書き出しを、会話文を使って書きましょう。

例 テーマ ペット

↓「タマはかわいいね。」ねこのタマに声をかけると、タマはのどをゴロゴロ鳴らしました。

（1） テーマ 夏休み

（2） テーマ 水族館

（3） テーマ 天気

3 大げさな例えで作文を書きはじめよう

ここが大切！

大げさな例えで、読者の興味を引く書き出しにしよう

解説

この夏は、ずいぶん日焼けした。

↓

この夏は、夜の闇にまぎれるくらい日焼けした。（大げさな例え）

大きなオムライスを食べた。

↓

この世のものとは思えない（大げさな例え）大きさのオムライスを食べた。

大げさな例えを使って作文を書きはじめると、「すごいなぁ！」「次はどうなるの？」と読み手の興味を引くことができます。人とはちょっと違った表現で文章をスタートして、読者の心をつかみましょう。

練習

例のように、次のテーマの作文の書き出しを、大げさな例えを使って書きましょう。

例　テーマ　ペット

↓

うちのオウムは、ほぼ人間だ。

（1）テーマ　夏休み

（2）テーマ　水族館

（3）テーマ　天気

4 問いかけで作文を書きはじめよう

ここが大切！

問いかける書き出しで、読む人を引き込もう

問いかけ
学校の先生は、夏休みに休んでいるのかな？

問いかけ
『坊っちゃん』の作者が誰か、知っていますか？

解説

このように、「**問いかけ**」**で作文を書きはじめると、その答えが知りたくなり、次の文章を読みたい気持ち**になります。読む人を引き込むことができるテクニックが、「問いかけ」です。集中して読んでほしいテーマを書くときに活用すると効果的です。

練習（れんしゅう）

例（れい）のように、次（つぎ）のテーマの作文（さくぶん）の書（か）き出（だ）しを、問（と）いかけの文（ぶん）を使（つか）って書（か）きましょう。

例（れい）

テーマ　ペット

↓

みなさんは、ゴールデンレトリーバーに対（たい）してどのようなイメージをもっていますか？

（1）

テーマ　夏休（なつやす）み

（2）

テーマ　水族館（すいぞくかん）

（3）

テーマ　天気（てんき）

5

ことわざで作文を書きはじめよう

ここが大切！

ことわざを使ってひと味違った書き出しにしよう

解説

ぼくは、お母さんの小言を聞き流している。

↓

ことわざ **馬の耳に念仏。** ぼくは、お母さんの小言を聞き流している。

彼女が泣いていたことには、気づかないふりをした。

↓

ことわざ **言わぬが花。** 彼女が泣いていたことには、気づかないふりをした。

作文の書き出しにことわざを使うと、ありふれた文章に深みが出て、他の人とはひと味違った、個性的な文章になります。少しユーモアを感じられるのもよいですね。

練習

例のように、そのことわざを書き出しにして文章を考えてみましょう。

例 聞くは一時の恥、聞かぬは一生の恥
↓
聞くは一時の恥、聞かぬは一生の恥。勇気を出して、ピアノの先生に楽譜の読み方を聞いた。

(1) 思い立ったが吉日

(2) 光陰矢のごとし

アドバイス

ことわざは、こんな意味だよ。

●聞くは一時の恥、聞かぬは一生の恥
意味 知らないことを聞くのは恥ずかしいが、知らないまま過ごすことのほうが恥ずかしい

●思い立ったが吉日
意味 何かしようと思い立ったら、その日に実行するのがよい

●光陰矢のごとし
意味 月日が過ぎるのは、飛ぶ矢のように早いことの例え

（3）

弱（よわ）り目（め）に祟（たた）り目（め）

（4）

後悔先（こうかいさき）に立（た）たず

アドバイス

ことわざは、こんな意味（いみ）だよ。

●弱（よわ）り目（め）に祟（たた）り目（め）

意味　不運（ふうん）な状況（じょうきょう）に、さらに不運（ふうん）が重（かさ）なること

●後悔先（こうかいさき）に立（た）たず

意味　何（なに）か起（お）きた後（あと）に悔（く）やんでも取（と）り返（かえ）しがつかないので、後（あと）で悔（く）やまないように事前（じぜん）によく考（かんが）えることが大切（たいせつ）

第6章

色々な作文を書こう

この章のポイント

作文は、基本の型さえ覚えてしまえば、迷わずに原稿用紙を埋めることができます。しかし、型にあてはめるだけでは、一人ひとりのみずみずしい感性や、宝物のような体験をつぶさに書き表すことができません。

この章では、前作『小学校6年生までに必要な作文力が1冊でしっかり身につく本』で取り上げた作文の基本の型から一歩ステップアップして、「一番話したいことから書きはじめる」ことで、その人にしか書けない作文をめざしていきます。これまでの章で解説した内容を振り返りながら、進めてみてください。

1

行事の作文の基本の型を知ろう

まずは、出来事が起こった順番に書く作文の型を知ろう

ここが大切！

解説

この本では、書きたいことをメモする欄がある「特別原稿用紙」（ダウンロードできます）を使って作文の書き方を解説します。

行事の作文は、次の6つに関して、「様子や気持ち」を上のわくに、「ふきだし言葉」を下のわくに、先にメモしてから書きはじめます。①〜⑥のすべてについて触れる必要はありません。

①行事の前日の様子や気持ち／ふきだし言葉
②行事の当日、朝起きたときの様子や気持ち／ふきだし言葉
③学校や集合場所に着いたときの様子や気持ち／ふきだし言葉
④行事についての様子や気持ち／ふきだし言葉
⑤行事が終わってからの様子や気持ち／ふきだし言葉
⑥家に帰ってからの様子や気持ち／ふきだし言葉

アドバイス
運動会を題材に、基本の型と、自分らしい作文を書くための型の２つの例を紹介していくよ。89ページ、95ページの例を見比べて、その違いを知っておこう

様子や気持ちを表す言葉

待ちに待った　ドキドキ ← ②行事の当日の様子や気持ちをメモ。感じたことを何でも書こう

例　運動会を題材に、基本の型で書いた作文

　ぼくは、朝六時に目覚ましの音で目が覚めました。今日は、待ちに待った運動会の日です。学校に出かけるとき、お母さんが

「がんばれ」。

と、応援してくれました。

　徒競走の時間になりました。とちゅうで転んでしまったけれど、

（②行事の当日の様子や気持ち）（④行事(出場した種目)について）

ふきだし言葉

「がんばって」「行ってくるね」← ②行事の当日のふきだし言葉をメモ。使いたい言葉をいくつでも書いておこう

様子や気持ちを表す言葉

みんなでハイタッチ　うれしかった　お父さんとがんばった

すぐに立ち上がりました。がんばってお父さんと練習した成果が出て、ぼくは二位になれました。

まわりの友達がゴールで待っていてくれて、みんなで

「やった！」

とハイタッチをしました。うれしかったです。次は一位になれるように、来年もがんばります。

④行事（出場した種目）について

⑤終わってからの様子や気持ち

ふきだし言葉

「やった！」

教えるときのポイント

この章で最初にお伝えしたのは、どんなに書くことが苦手でも、「まずは原稿用紙を埋めたい」「とにかく作文を完成させたい」というときに使う作文の型です（前作『小学校6年生までに必要な作文力が1冊でしっかりわかる本』で詳しく紹介しています）。

出来事や気持ちを並べていけば、作文は完成します。けれど、**これでは「誰にでも書ける」作文になってしまうこ**とも少なくありません。私がこの本でお子さんに身につけてほしいのは、**「その人にしか書けない」「キラリと光る」作文力**です。

次のページから、基本の型では書ききれなかった、**あふれる感情や、心の成長を自分らしく表現する**方法をお伝えしていきます。書き終わったら、これまでお子さんが書いた行事の作文と見比べて、書く力の成長を確かめましょう。

コラム

書き出しを工夫するのと同じように、作文や読書感想文のタイトルも工夫してみましょう。「〜について」「〜を読んで思ったこと」などのような、みんなと同じタイトルではなく、特徴的なタイトルをつけると、興味を持って読んでもらえます。

コツは、作文や読書感想文の中で一番伝えたいことを一言にまとめて、タイトルに持ってくることです。

もったいないタイトルの例（行事の作文）

春の大運動会について

興味をひくタイトルの例（行事の作文）

「去年の自分とは違うぞ」と思えた運動会

徒競走で「くやしい」が「うれしい」に変わった

もったいないタイトルの例（読書感想文）

『モモ』を読んで

興味をひくタイトルの例（読書感想文）

私たちもみんな、時間どろぼうかもしれない！

心にのこる行事の作文を書こう

一番印象にのこった場面を軸に、自分らしい作文を書こう

解説

出来事が起こった順番に書く作文の基本の型に慣れたら、次はその人にしか書けない作文を書くための型を身につけます。次の5つを先にメモしてから書きはじめましょう。

①どの場面が一番心にのこったか

②①の内容を伝えるために、どんな書き出しにすればいいか
※第5章で学習した5パターンから選びましょう

③この場面が一番心にのこったのはなぜか

④この場面を表すために使いたい言葉
※第1章、第2章で学習した様子や気持ちを表す言葉

⑤この場面を表すために使いたい会話文
※第1章で学習したふきだし言葉

練習1

行事の作文に関する、次の問題に答えましょう。

※例は運動会を題材にしています。また、別の行事を題材にした作文の例は別冊解答にあります

（1）作文の題材となる行事をひとつ決めましょう。

例 運動会

（2）一番心にのこった場面とその理由をメモしましょう。

一番心にのこった場面
例 200メートル走

その理由
例 お父さんと練習したから

一番心にのこった場面

その理由

（3）

（2）の一番心にのこった場面で、あなたやまわりの人の「様子」や「気持ち」はどんなふうでしたか。また、心にのこっている「ふきだし言葉」はありましたか。思い出しながら、いくつか書き出しましょう。

様子や気持ち

例 必死に手をふって走った　視界がゆれた　はっと我に返った
パチンパチンとハイタッチ

ふきだし言葉

例 「パーン！」「手を大きくふって！」「やった、一位だ」「来年こそ一位になるぞ」

様子や気持ち

ふきだし言葉

（4）

(1)〜(3)のメモの内容をもとに、例のように一番心にのこった場面とその理由を中心にした作文を、原稿用紙に書きましょう。作文の書き出しは、第5章を振り返りながら工夫してください。原稿用紙（99〜102ページ）は全部うまらなくてもかまいません。

様子や気持ちを表す言葉

ぐんと強くふみ出す

例

「パーン！」

ピストルの音とともに、ぼくは右足をぐんと強くふみ出しました。

今日は、待ちに待った運動会。

五年生からは、二百メートル走に出ます。ぼくは、本番まで毎朝お父さんと練習をしてきました。

ふきだし言葉

「パーン！」

お父さんの声が聞こえる

二つ目のカーブを曲がったところで、「手を大きくふって！」とお父さんの声が聞こえてきました。右、左と必死に手をふりながら、まっすぐ前を向いて走ります。

最後の直線。ぼくの前には、だれもいません。

「やった、一位だ！」


「手を大きくふって」　「やった、1位だ！」

様子や気持ちを表す言葉

はっと我に返る　視界がゆれた

そう思ったとたん、ぼくの視界はゆれました。気づくと、ひざに痛みがあります。そこで、ぼくは転んでしまったことに気がつきました。

　転んだぼくを追いこして行く友達を見て、はっと我に返り、一瞬で立ち上がりました。そこからは無我夢中でゴールにたどり着きま

ふきだし言葉

様子や気持ちを表す言葉

パチンパチンとハイタッチ

した。結果は二位でした。転んでしまったのはくやしかったけれど、笑顔でみんなとパチンパチンとハイタッチをしました。僕は心に決めました。

「来年こそはきっと、二百メートル走で一位になるぞ！」

（例ここまで）

ふきだし言葉

様子や気持ちを表す言葉

（ここから作文を書きましょう。原稿用紙は全部うまらなくてもかまいません）

ふきだし言葉

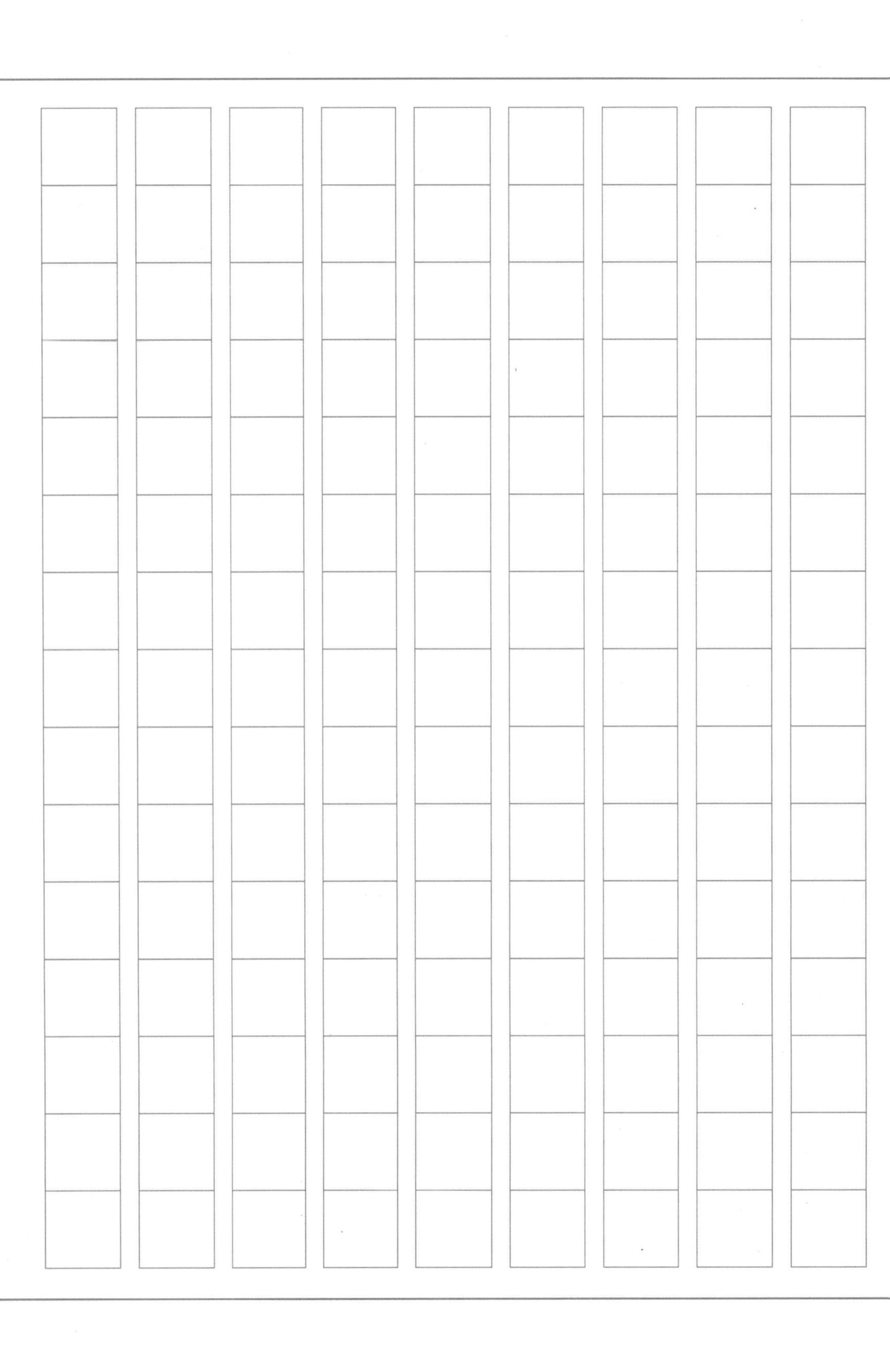

様子や気持ちを表す言葉

ふきだし言葉

様子や気持ちを表す言葉

ふきだし言葉

練習2

行事をひとつ決めて、一番心にのこった場面が読む人に伝わるように作文を書きましょう。原稿用紙は107ページまで続きますが、全部うまらなくてもかまいません。

様子や気持ちを表す言葉

ふきだし言葉

様子や気持ちを表す言葉

ふきだし言葉

様子や気持ちを表す言葉

ふきだし言葉

3 小論文を書こう①

ここが大切！

小論文の型を知ろう

解説

自分の意見や主張を伝える小論文は、次の8つを先にメモしてから書きます。第4章（62ページから）で学んだ、意見や考えの伝え方も振り返りましょう。

①結論
②その理由
③例①
④例②
⑤反対をしりぞける理由
⑥例①
⑦例②
⑧もう一度結論

練習

「給食」と「お弁当」のどちらがよいかということについて、いずれかの立場を選び、次の問題に答えましょう。

※例は給食がよいという立場です。また、お弁当がよいという立場の作文の例は別冊解答にあります。

(1)

例のように、どちらの立場を選んだかという結論と、その理由をメモしましょう。

結論 例 給食のほうがよい。

理由 例 好きではない食べ物と出合える。

結論

理由

(2)

(1)の内容について、よりくわしく伝わるように、例を2つメモしましょう。

例① 例 栄養のバランスがとれる。

例② 例 好ききらいがなくなる。

例①

例②

(3)

(1)と(2)のメモをもとにして、例のように意見を原稿用紙にまとめましょう。

例

私は、給食があったほうがよいと思います。

なぜならば、自分の好きではない食べ物との出合いが生まれるからです。

例えば、好きではないものも食べないといけないので、栄養バランスがとれた食事をすることができます。

また、のこさず食べようとすることで、

好きらいを克服できる可能性もあります。

（ここから作文を書きましょう）

（4）

反対の立場からの意見を想像し、それをしりぞける理由をメモしましょう。

例 お弁当だと好きなものしか食べなくなる。

反対をしりぞける理由

反対をしりぞける理由

（5）

（4）の内容について、よりくわしく伝わるように、例を2つメモしましょう。

例①
例 栄養バランスがかたよる。

例②
例 好ききらいがなくならない。

例①

例②

(6)

（4）と（5）のメモをもとにして、例のように意見を原稿用紙にまとめましょう。

例

お弁当がよくない理由は、自分の好きなものだけをより好みして食べるようになってしまうからです。

　例えば、栄養バランスがかたよるおそれがあります。

また、好ききらいを克服するチャンス
を失う可能性があります。

（ここから作文を書きましょう）

（7）

最後にもう一度結論を書きましょう。

例

だから私は、給食があったほうがよいと思います。

（ここから作文を書きましょう）

ここが大切！

内容を先にメモして整理してから書こう

練習

動物園の動物と野生の動物のどちらが幸せかということについて、いずれかの立場を選び、次の問題に答えましょう。

（1）どちらの立場を選んだかという結論と、その理由をメモしましょう。

結論

理由

（2）（1）の内容について、よりくわしく伝わるように、例を2つメモしましょう。

例①

例②

（3）

反対の立場からの意見を想像し、それをしりぞける理由をメモしましょう。

反対をしりぞける理由

（4）

（3）の内容について、よりくわしく伝わるように、例を2つメモしましょう。

例①

例②

（5）

最後にもう一度結論を書きましょう。

結論

（6）

（1）〜（5）のメモをもとにして、原稿用紙に書きましょう。原稿用紙は全部うまらなくてもかまいません。

5 読書感想文の基本の型を知ろう

ここが大切！

まずは、読書感想文の基本の型を知ろう

解説

読書感想文の基本の型は、次の①～③の順で書きます。先にこの3つをメモしてから書きはじめますが、①～③のすべてについて触れる必要はありません。

①その本を選んだ理由
②本のあらすじを、最初・途中・最後に分けて書く
③その本でよかったところ

まずは、次の作文を例に、読書感想文の基本の型をおさえておきましょう。

アドバイス
行事の作文と同じように、基本の型と、自分らしい作文を書くための2つの型を使った例を紹介するよ。121ページからの例と、128・132・135ページの例を見比べて、その違いを知っておこう。

例 『モモ』を題材に、基本の型で書いた読書感想文

メモ
お母さんが6年生のときに読んだから選んだ ← ①原稿用紙に書く前にメモしておこう

　私のお母さんが、小学校六年生のときに読んだ『モモ』を読みました。

　円形劇場でくらすモモは、みんなの話を聞くのが得意な女の子。みんながモモに話を聞いてもらうと、心が明るくなり、なやみが消えていきます。

①その本を選んだ理由
②あらすじ（最初）

メモ
モモは聞き上手な女の子　モモと話すと心が明るくなる

灰色の男たちがうそを言って人々の時間をうばう

　ある日、街に灰色の男たちが現れました。灰色の男たちは

「みんなが節約した時間を、灰色の男たちが運営する『時間貯蓄銀行』にあずけると、命が倍になる。」とうそを言い、人々の時間をうばっていきます。そうしていそがしくなった街の人々は、モモのもとへやってこなくなりました。

カギカッコの中にもう一度カギカッコを入れるときは『』を使うよ

②あらすじ（途中）

「時間を倹約すれば、2倍になってもどってくる」

メモ

うそに気づいたモモはみんなの時間を取りもどそうとする

②あらすじ（最後）

　ある時、モモのもとへ灰色の男たちがやってきて、自分たちがしている悪い事についてうっかり話をしてしまいます。灰色の男たちが、うそをついて街の人々の時間をうばっていることに気づいたモモは、みんなの時間を取りもどそうと奮闘します。

③この本でよかったところ

　私は、モモを読んで時間に対し

メモ

時間がないと心も変わる

ての考え方が変わりました。時間がたっぷりあるときとないときで、行動や心まで変わってしまうのだなど気づきました。時間を失ったフージーやベッポのように、私も時間がないときは、どうしても弟に優しくできないことがあります。

私たちも時間を失うことで、他にも多くのものを失っているのか

③この本でよかったところ

私もいそがしいと弟に優しくできない

メモ

もしれないと感じました。

メモ

教えるときのポイント

ここでお伝えしたのは、88ページと同じく、「まずは原稿用紙を埋めたい」というときに使える基本の型です。**書くことに慣れなかったり、苦手意識があるうちは、この型に沿って書けば、迷いなく作文を完成させる**ことができます。

書くことに抵抗がなくなると、子どもたちは「いつもありきたりな内容になってしまうから変えてみたい」「人がマネできないかっこいい文を書きたい」という気持ちが出てきます。次のページからご紹介するのは、そうした**「もっと上手に書きたい」という気持ちを、「書く力」に変えるための型**です。作品を読んで感じたことは何か、どうしてそう感じたのか、と思考を深めていくことで、驚くほどアウトプットされる文章が変わります。この後のページをすべて終えたら、今まで書いてきた作文と見比べてみてください。その変化に気づくはずです。

6 心にのこる読書感想文を書こう

自分にしか書けない読書感想文を書こう

ここが大切！

解説

読書感想文の基本の型（120ページ）に慣れたら、次はその人にしか書けない読書感想文にするための型を身につけます。次の5つを先にメモしてから書きはじめましょう。

①本を読んで、一番心にのこった言葉や場面
②その言葉や場面が一番心にのこった理由
③自分の体験や気持ちと共通する部分
④自分と共通する部分について、具体的な例
⑤本を通して気づいたことや、読む前と後で変化した自分の気持ち

練習1

読書感想文に関する、次の問題に答えましょう。

※例は『モモ』を題材にしています。また、別の本を題材にした作文の例は別冊解答にあります。

(1) 作文の題材となる本をひとつ決めましょう。

例 モモ

(2) 本を読んで、一番心にのこった言葉や場面と、その理由をメモに書き出しましょう。

心にのこった言葉や場面
例 「人間には時間を感じとるために心というものがある。」

その理由
例 「自分には時間を感じとる心があるかな？」と思ってドキッとしたから。

心にのこった言葉や場面

その理由

（3）

（2）のメモの内容をもとに、例のように、一番心にのこった言葉や場面を原稿用紙に書きましょう。書き出しは、第5章を振り返りながら工夫してください。原稿用紙は全部うまらなくてもかまいません。

例

「人間には時間を感じとるために心というものがある」。

モモのこの言葉を聞いて、私はドキッとしました。

私の三さいの弟は、いつも「ねーね！遊んで！」と言って走ってきます。


「人間には時間を感じとるために心というものがある」

「ねーね！　遊んで！」

メモ

　でも私は、
「今、いそがしいの！」
と冷たくしてしまいます。本当は、
弟に優しくしたいのに……。

メモ
「今、いそがしいの！」

メモ

（ここから作文を書きましょう）

メモ

メモ

メモ

（4）本を読んで、自分の体験や気持ちと共通する部分を見つけて、どうしてそのように思ったか具体的にメモに書き出しましょう。

例 自分の体験や気持ちと共通する部分

私は時間をうばわれた街の人々のようだ。

例 どうしてそのように思ったか

弟に優しくしたいのに、いそがしいときにできないから。

自分の体験や気持ちと共通する部分

どうしてそのように思ったか

（5）

（3）と（4）のメモの内容をもとに、例のように、本の内容と共通する自分の体験や気持ちを原稿用紙に書きましょう。

例

　いそがしいことを言い訳にして、弟に優しくできない私は、まるで灰色の男たちに時間をうばわれた街の人々のようだなと思います。

　いそがしいからといって、大事なことがわからなくなるのは、とてもおそろしく悲しいことです。しかし、私のお父さんやお母さん、

メモ

まわりの人たちも時々、灰色の男たちに時間をうばわれている時があるような気がしてなりません。

（ここから作文を書きましょう）

メモ

メモ

メモ

メモ

（6）

本を通して気づいたことや、読む前と後で変化した自分の気持ちを、メモに書き出しましょう。

例 いそがしいときでも、本当に大事にしたいことを忘れないようにしたい

メモ

メモ
自分に問いかける　時間は止められない

(7)
(6)のメモをもとにして、原稿用紙にまとめましょう。

例

　チクタクチクタクと進んでいく時間を止めることはできません。毎日、学校や習い事でいそがしい日が続きます。それでも時々立ち止まって、「本当に大事にしたいことは何だろう。」と、自分に問いかけたいです。

メモ
「本当に大事にしたいことは何だろう」

（ここから作文を書きましょう）

メモ

メモ

練習2

読書感想文に関する、次の問題に答えましょう。

（1）作文の題材となる本をひとつ決めましょう。

（2）本を読んで、一番心にのこった言葉や場面と、その理由をメモに書き出しましょう。

心にのこった言葉や場面

その理由

（3）

本を読んで、自分の体験や気持ちと共通する部分を見つけて、メモに書き出しましょう。

（4）

どうして（3）のように思ったか、具体的にメモに書き出しましょう。

（5）

本を通して気づいたことや、読む前と後で変化した自分の気持ちを、メモに書き出しましょう。

（6）

（2）〜（5）のメモをもとにして、原稿用紙に書きましょう。

メモ

メモ

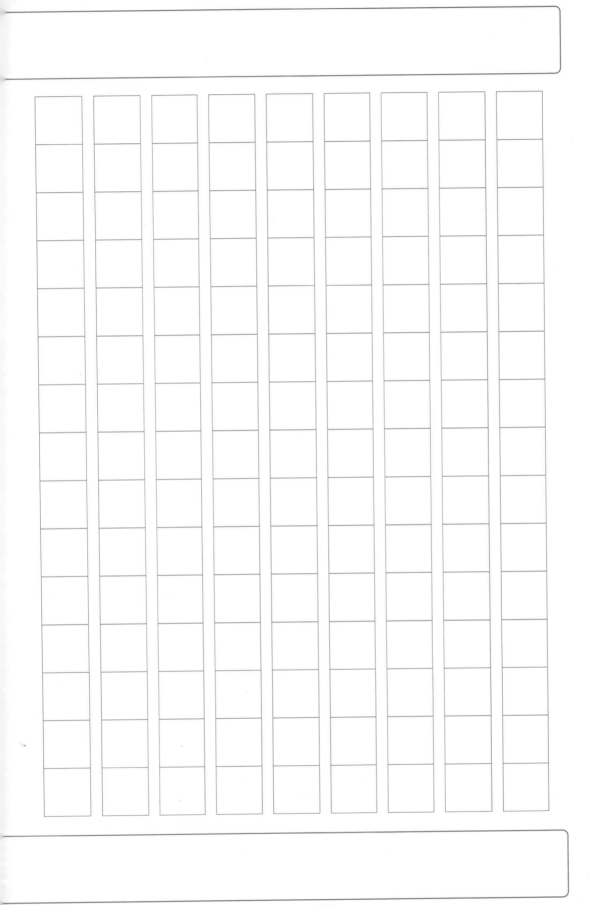

メモ

メモ

著者紹介

安藤　英明（あんどう・ひであき）

◉——1948年北海道生まれ。北海道教育大学旭川校卒業後、小学校教諭として子どもたちの教育に専心。特別指導員として子ども、教員、学生、保護者を対象に授業や教育講演を行ったほか、地元北海道で若手教員育成のための勉強会「安藤塾」を30年にわたって主宰。

◉——苦手意識のある児童に「これならできる！」と自信を持たせ、主体的に楽しんでもらいながら学力を伸ばす手腕に定評がある。なかでも、作文が苦手な子と向き合い続けて編み出した独自の作文指導法は、「たった３日で、誰でもスラスラ作文が書けるようになる」と評判を呼ぶ。「作文が書けない理由」を一つひとつ解決し、作文を好きになってもらう、その指導法を学ぼうと、北海道はもとより日本全国から授業の参観者が集まるほどの人気ぶりとなった。本書は、３日間の授業で行われる作文指導を、家庭で学習できるように凝縮してまとめ直したもの。

◉——中学校・高校のソフトテニス部のコーチとしても活躍し、４回にわたりチームを全国優勝へ導く。また、小学校の北海道選抜チームの監督としては12回の全国優勝を経験する。文武ともに、子どもの潜在能力を最大限に引き出す指導法に優れ、「先生の先生」として教員にも熱狂的なファンが多い。

◉——著書に、10万部のロングセラーとなった『小学校６年生までに必要な作文力が１冊でしっかり身につく本』（かんき出版）、『勉強したがる子が育つ「安藤学級」の教え方』（講談社）がある。

小学校６年生までに必要な作文力が１冊でしっかり身につく本　ステップアップ編

2023年１月16日　第１刷発行
2024年９月２日　第２刷発行

著　者——安藤　英明
発行者——齊藤　龍男
発行所——株式会社かんき出版
東京都千代田区麹町4-1-4 西脇ビル　〒102-0083
電話　営業部：03(3262)8011㈹　編集部：03(3262)8012㈹
FAX　03(3234)4421　振替　00100-2-62304
http://www.kanki-pub.co.jp/

印刷所——TOPPANクロレ株式会社

ISBN978-4-7612-3079-1 C6081

- カバーデザイン
  Isshiki
- 本文デザイン
  二ノ宮　匡（ニクスインク）
- DTP
  畑山　栄美子（エムアンドケイ）
  茂呂田　剛（エムアンドケイ）
- イラスト
  村山　宇希（ぽるか）
- 編集協力
  佐藤　友美
  安藤　信子
- 協力
  市川みさき
  壺の会の先生たち

※QRコードは㈱デンソーウェーブの登録商標です